JN167727

実家の相続で困らないために今すぐできる空き家対策

空き家相談士
不動産仲介営業マン
日野智志

彩図社

はじめに

私は東北のとある県の県庁所在地近郊にて、売買の仲介を中心に約15年間不動産業で生計をたてていますが、住宅市場は年々厳しくなる一方です。

この十数年の間、住宅価格は下降し続け、ITバブルと言われた時期でも地方の不動産価格が上昇することはなく、足踏みしながら下落の一途、流通量もほぼ一貫して減っています。

その結果、売れない住宅が急増し、空き家の数は820万戸以上にまで増加しました。

そこで国は、少子高齢化の影響を強く受けた古い空き家が増え社会問題化している現状に対処するため、「空家等対策の推進に関する特別措置法」（以下「空き家対策法」と呼びます）を制定。2015年5月26日に施行されました。

実はこの空き家対策法、「空き家をこのままにしていたら余計に税金をとられる」と危機感を煽り、空き家を持っている人々、これから持つであろう人々に対策を促そうとしているのと同時に、空き家への増税、地方自治体の増収を意図した法律でもあるのです。

例えば、自治体が危険だと判断した空き家は特定空き家に指定され、土地の固定資産税が最大6倍（都市計画税は3倍）にまで跳ね上がることになります。

さらに、解体や修繕など、なんらかの対策をとるよう自治体から勧告されると、高額の解体費や修繕費が所有者負担としてのしかかってきます。立ち入り調査に協力しないだけで「過料20万円」、修繕や解体の勧告が出たときに修繕しないと「50万円の過料」に処される場合もあります。

そして今回施行された「空き家対策法」の恐ろしさは、自治体の指示に従って、宅地上の建物を解体し更地にしても、優遇措置はなく固定資産税は上がったままだということです。更地にしても土地が売れないにもかかわらず、です。

また、税率が上がる以上、納得のいく説明をしてもらいたいと思うのは当然のことですが、特定空き家への指定は各自治体に委ねられ、〝保安上危険〟〝衛生上有害〟〝景観を損なっている〟等の曖昧な理由によって決められてしまうのです。

つまり、空き家を持っているだけで固定資産税が6倍に上げられてしまう危険性があるのに、その指定基準は地方自治体ごとにバラバラで、空き家の状態が同じでも別の街に行ったら条件が違うケースも起こりうるのです。

どんな家でも大規模修繕や解体の時期はやってきます。日本人の持家比率は、65歳以上で約80パーセントとかなり高く、自分の両親と配偶者の両親がいればほとんどの日本人が直面する問題です。木造住宅の場合、築後30年以上経過しており、かつ維持管理を怠っていれば自治体から勧告が出る可能性は高くなります。

こうした問題を避けようと自治体に相談しても、効果的な方法を教えて貰えることは少ないでしょう。国土交通省からガイドラインが公表されているため、中には真摯に対応してくれる職員さんもいるでしょうが、現実的には「我々も頑張っているのですが……」「予算にも限りがあるので……」などと言われ、現実的には全て所有者（と親族）の責任と負担としてのしかかります。

特に危ないケースをあげると、

・両親だけが住んでいる実家がある
・常態的に使用していない不動産がある

・子どものいない兄弟姉妹がいる

この3つのうちどれかに該当する場合は、土地（と建物）を知らずに法定相続してしまい、固定資産税と都市計画税の支払い義務が生じてしまう恐れがあります。

もちろん、お金がかかるからといって、空き家対策をおろそかにしていいわけではありません。放置された空き家は急速に劣化が進み、倒壊の危険性も高まります。不法侵入や盗難など、治安の悪化にも繋がりかねないため、なんらかの対策は必要です。

しかし、近年は、増税と人口減による中長期的な資産デフレによって、空き家が売れない住宅として大きなリスク資産になってきています。そして、その固定資産税の増額は、税収の減っている地方自治体に〝打ち出の小槌〟として狙われだしているのです。

そこで本書では、実家を相続して困らないためにできる空き家対策を紹介していきます。リスク負担を回避したり、軽減する方法の具体例を紹介しています。

第1章の「特定空き家とは何か？」では、特定空き家に指定される住宅や仕組みなどを紹介し、空き家対策法がどのような目的なのかを見ていきます。特定空き家に指定されたらどのようなデメリットがあるかを解説しています。

続く第2章「空き家相続の基本」では、空き家の相続権を手放す方法や、相続した場合に必要な手続きなど、空き家を相続する前に知っておきたい知識を紹介します。

そして第3章「空き家を長持ちさせる維持管理法」で維持管理の基本、第4章「戸建空き家を賢く活用する方法」で売却や賃貸で活用する方法を紹介します。活用の厳しい空き家の場合でも、第5章「売りにくい空き家を手放す方法」で可能な対策を紹介しますので、ぜひご覧ください。

最後の第6章「空き家マンションの手放し方」では、マンションが空き家になった際にとるべき対応をまとめてあります。戸建住宅ほどではありませんが、相続したマンションを放っておくと、管理費や修繕積立金が負担となりますので、対応は必要です。

空き家を相続してから困らないためにはどうすればいいのか？　本書がその対応の参考になれば幸いです。

実家の相続で困らないために今すぐできる空き家対策

目次

はじめに……2

第1章　特定空き家とは何か？

特定空き家って何？……16
離れた親族の家でも義務が生じる……18
税金はどのくらい上がるのか？……20
行政指導に従っても踏んだりけったり……23
修繕を重ねてもいつかは解体しなければならない……25
特定空き家の指定基準……26

人口減少で急速に売却が難しくなっていく……29
非正規雇用の増加が家の売買を難しくする理由……32
首都圏の空き家も危なくなる……33
地方の中核都市では……35
危ないのはこんな住宅……36
バブル期の住宅もそろそろ対策が必要……38
身近にある相続リスク……39
空き家を所持している場合の自治体の対応……40
自治体の本音……44
自治体は不動産の寄付をほとんど受け付けない……46
地方自治体の空き家バンクの実態……48
定住をすすめる自治体職員は他所へ移住していく……50

第2章　空き家相続の基本

空き家相続を避けるには相続放棄をするしかない……54
相続人の人数を調べる……55
相続前にどのくらいお金がかかるかを知る……56
相続放棄手続き……59
相続放棄をしてももらえる資産……61
人口密集地の相続人と地方の相続人の認識の違い……62
相続して活用したい場合の手続き……63
親から相続した不動産の所有権を他に移す手続き……68
忘れがちな火災保険・地震保険の手続き……69

第3章　空き家を長持ちさせる維持管理法

かんたんにできる維持管理……76
自治体から指導・勧告、命令を受ける基準……78
今後危ない住宅はこんな住宅……87
維持管理・賃貸・売買の手続きをするのはこんな人たち……96
住宅の設計図面をお持ちですか？……101

第4章　戸建空き家を賢く活用する方法

戸建空き家を賃貸に活用する3つの方法……104
賃貸利用で注意しておきたいリフォーム費用……108
借り手が見つからなかったときは業者に貸す……110

賃貸にかかる税金を減らす方法 …… 111
売却手順 …… 112
売却価格の調べ方 …… 113
不動産業者をはずさずに選ぶ方法 …… 116
不動産業者のメリット・デメリット …… 118
不動産会社とはどのような契約を結べばいいのか？ …… 120
業者による売却活動の流れ …… 123
売買契約が成立したら …… 125
住宅を高く売るための方法 …… 127
査定時にあったら評価が下がるもの …… 132
ペットを飼っていた家の消臭対策 …… 133
安くて簡単にできる猫と犬の臭いの消し方 …… 134
こんな業者は注意 …… 137
売却する時の税金・手続き・手取り金額 …… 140

売却時の税金を抑える方法……142

第5章　売りにくい空き家を手放す方法

業者買取りを利用する……148
駐車場活用が効果的なのは狭小地……151
売れない不動産を更地にしても売れない……154
古くて売れない建物はリフォームしない……155
更地貸しで有利な土地……159
古民家再生をすすめる建築業者は危険……160
田舎暮らし希望者に売る方法……161
介護難民に買ってもらうのは難しい……164
売れない住宅・接道義務を満たしていない土地を手放す方法……166
大きくて活用に困っている建物はペット可に……167

広い敷地の手放し方①個人用住宅用地として売る……169
広い敷地の手放し方②介護施設へ賃貸・寄付する……171
アパート建築はリスクが高い……172
地盤の悪い場所は今すぐ処分……173
公共施設に寄付する……175
特定の法人に寄付する……176
自治体による支援策を利用する……177

第6章　空き家マンションの手放し方

マンションは特殊な資産……188
最初にすべきこと……190
簡単にできる分譲マンションの維持管理……193
マンションは戸建住宅より楽に手放せる……194

マンションをリフォーム・リノベーションして資産価値を上げる……196
不動産業者との関係が賃貸時の入居率を左右する……198
低層マンションは意外に売れる？……200
手放しにくいのはどんなマンション？……200
マンションの建て替えで資産価値を上げる……202
タワーマンションは相続税対策にもなる……206
リゾートマンションは損切り処分するしかない……207
ショッピングセンターが変化したら郊外のマンションは手放す……208
事件・事故物件がでた場合……210
建物所有者も必見――こんなマンションは危ない……212
おわりに……219

第1章 特定空き家とは何か？

○特定空き家って何？

テレビや新聞では**税金が6倍になってしまう空き家を〝特定空き家〟**と一口で言っていますが、そもそも特定空き家とは一体どのような基準で選ばれるのでしょうか？

まずは簡単に、空き家を取り巻く環境を整理しましょう。現在、日本の住宅の7・4戸に1戸、およそ820万戸が空き家だと言われています。数字だけ見てもピンとこないかもしれませんが、1998（平成10）年の576万戸（総務省住宅・土地統計調査2013年）から、僅か15年で約250万戸も増加しているのです。

全住宅に対する空き家の割合も、1998年の11・5パーセントから2013（平成25）年には13・5パーセントに増加しています。17ページの図をご覧いただくとわかるように、年を経るにつれて空き家の割合も大きくなり続けているのです。

この割合は、海外と比べてもかなり高いものです。例えば、イギリスの空き家率は3パーセントほど、アメリカでは約2パーセントと日本よりかなり低い数字です。

高い空き家率の背景には、東京への一極集中や少子高齢化などの社会問題があり、何も

総住宅数、空き家数及び空き家率の推移

（「平成25年住宅・土地統計調査」より）

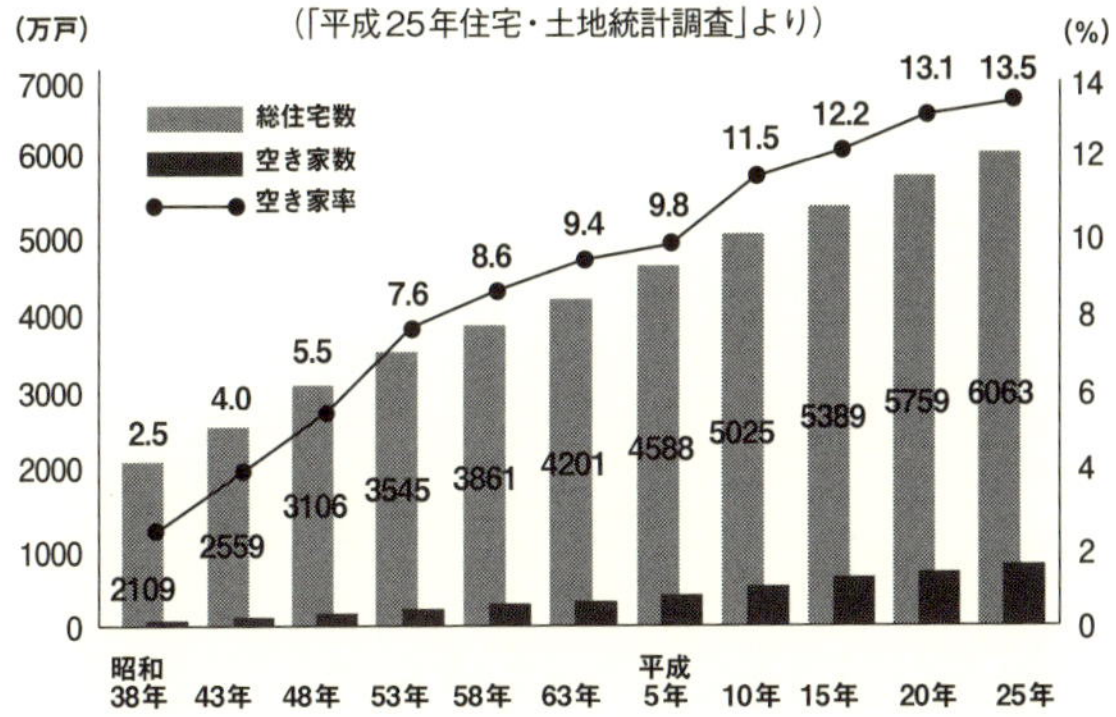

しなければこのまま空き家が増えていくのは明らかです。維持管理が行われない空き家は、倒壊や不法侵入、不法投棄など、治安を悪化させるもとになり、近隣住民の生活に害を及ぼしかねません。

そんな空き家を地方自治体が〝保安上危険〟〝衛生上有害〟〝景観を損なっている〟等の要件を適用して指定することができるようになったのが特定空き家です。

「はじめに」でも書いたように、「空き家対策法」が２０１５年５月26日に完全施行され、特定空き家の指定が始まりました。この法律に基づいて、あなた（や両親など）の住宅が自治体から特定空き家に指定されると、修繕・解体等の勧告・命令に従う義務が生じ、応じなければ過料・修繕・解体費用が強制徴収されることになりました。

２０１５年10月には神奈川県横須賀市で所有者の確認できない危険な空き家の撤去が行われましたし、特定空き家への指定も徐々に行われています。横須賀市の空き家数は、２０１３年時点で約2万９０００戸ですが、空き家対策法の完全施行から約半年で、安全面や衛生面で問題のある空き家約60戸程度を特定空き家に指定しています。

○離れた親族の家でも義務が生じる

この空き家対策法の施行により、自治体は、今まで請求していなかった法定相続人に対しても、住宅として課税し、修繕や維持管理の義務を課し、撤去等の義務も課せるようになりました。他の市町村に居住していて探しにくかった人でも、市町村が戸籍・住民票などから探し出すことができるようになったためです。

といっても、居住実態があれば特定空き家に指定されることはありませんので、皆さんがお住まいのご自宅は大丈夫だと思います。しかし問題は、親戚やご両親の家を相続してしま

特定空き家の所有者特定までの流れ

①放置された空き家を市町村が把握する
②血縁者（法定相続人）を市町村内の戸籍等で調査
③調査できるようになった他の市町村戸籍を調査
④全国の戸籍・住民票で現住所を探し出す
⑤血縁者への連絡・通知・勧告・命令・行政代執行（強制徴収）等

う可能性が、働く世代なら誰にでもあるということです。

総務省の家計調査によると、**日本の50歳以上の家庭は、80パーセント以上が持家**で、60〜64歳にいたっては約87パーセントにまで上がります。そうなると当然、この世代を親に持つ方は、親が亡くなればその住宅を相続する可能性が高いということになります。

仮に30代から40代の夫婦の場合、単純計算で相続の可能性がある家が、夫婦の実家を合わせて2戸。さらに法廷相続権上は祖父祖母の実家で1〜2戸、兄弟の家も可能性があり、合わせて3戸以上の法定相続権を有していることになります。

もちろん、これらすべての家を一人の人間が相続することはないでしょうが、こうした相続権の範囲の広さを考えれば、空き家問題とは普通に誰もが直面しうる問題なのです。

固定資産税

・市町村が1月1日に固定資産を所有している者に対して課税する税金
・固定資産税課税台帳に記載されている課税標準×税率1.4%が税額
・地方自治体の普通税（一般財源）

課税標準

・固定資産税評価額を基礎としたもの
・居住用の小規模宅地（200㎡まで）は評価額の1／6（約0.167倍）
・200㎡を超えた場合は評価額の1／3（約0.33倍）

※**固定資産**＝土地、家屋、有形償却資産
※**有形償却資産**＝家や土地を除く船舶、航空機、農作業機などの事業用の消耗資産

○税金はどのくらい上がるのか？

では、具体的にはどのくらい税金が上がるのでしょうか？　実は、固定資産税が6倍になるといっても、**税負担額がそのまま6倍になるわけではありません。**

順を追って説明しましょう。

土地や家屋の固定資産税は、**課税標準×税率**で決まります。

課税標準とは、ざっくり言うとその土地の価値です。市町村が決める土地の評価額に、税負担調整をした値が課税標準となります。

住宅用地の場合、税金の軽減措置として、面積が200平方メートル（60・5坪）までだと土地評

価額の6分の1（約0・167倍）、200平方メートルを超える面積は3分の1（約0・33倍）が一般的な住宅の課税標準となります。

しかし、特定空き家に指定された場合は、住宅用地と見なされなくなって軽減措置が適用されなくなるのです。

そして、この課税標準に税率1・4パーセントを掛けた値が、固定資産税の税額となります。この場合の住宅地とは、建物の4分の1以上が居住用に使われている土地で、店舗兼住宅では2分の1以上が居住用となっている建物の敷地のことを指します（ちなみに、固定資産税と似た税金として都市計画税がありますが、ここで説明するとややこしくなるので、詳しくは後述します）。

といっても、これだけではよくわからないと思いますので、実際にどのくらい上がるのか、計算して比べてみましょう。計算式自体はシンプルなので、現在の税額と、特定空き家に指定された後の税額が大きく異なることがはっきりわかります。

22ページに評価額が1800万円の土地の固定資産税がどのくらいになるのか、式をまとめました。計算の結果、特定空き家に指定されてしまうと**土地の固定資産税だけで、毎**

特定空き家指定前と指定後の固定資産税の差

特定空き家指定前の住宅用地の固定資産税
（土地の評価額が1800万円の場合）

課税標準 ＝ 評価額 1800万円 × 1／6 ＝ 300万円
固定資産税 ＝ 課税標準 300万円 × 税率1･4%
＝ **4万2000円**

特定空き家指定後の住宅用地の固定資産税
（土地の評価額が1800万円の場合）

課税標準 ＝ 評価額 1800万円
固定資産税 ＝ 課税標準 1800万円 × 税率1･4%
＝ **25万2000円**

固定資産税の増税額
（土地の評価額が1800万円の場合）

25万2000円 － 4万2000円 ＝ **21万円**

※固定資産税 ＝ 課税標準 × 税率
※課税標準 ＝ 市町村が決めるその土地の価値

都市計画税：土地、家屋に課税される税金
※都市計画を目的に課税しているので、地域によって税率が異なり、課税されない地域もある
特定空き家指定後、「（課税標準＝評価額×1／3）×税率 0・3%」から「（課税標準＝評価額）×税率 0・3%」へ

土地の都市計画税（住宅用地／200㎡として計算）
評価 1800万円 × 1／3 ＝ 600万円（課税標準）
課税標準 600万円 × 税率 0.3% ＝ 1万8000円
特定空き家に指定された後の土地の都市計画税
評価 1800万円 × 税率 0.3% ＝ 5万4000円
増税額　5万4000円 － 1万8000円 ＝ **3万6000円**

年21万円の増税となってしまうのです。

さらに、都市計画税という、固定資産税と同じく不動産に課される税金も税額が上がり、合計するとその額はおよそ24万6000円にまで上がるのです（都市計画税については、上図をご覧ください）。

○行政指導に従っても踏んだりけったり

それでは、行政の指導に従って建物を解体した場合、どのぐらいの金額が必要になるのでしょうか？　誰でも過料をとられたり、自治体と揉めたりするのは嫌ですから、行政の依頼や指導・勧告を鵜呑《うの》みにして建物を解体する方もいると思いま

す。しかし、きちんと計画を考えずに建物を解体すると、大変な出費を強いられ続けることになるのです。

というのも、行政の指導に従ったとしても、**解体費は自己負担**です。

例えば、木造二階建て・築40年程度の約45坪の住宅（150平方メートルで、地方では一般的な規模です）の場合、**解体費は135万〜200万円以上が必要**になります。

しかも、解体費を負担したとしても、優遇措置のなくなった土地の固定資産税は上がったままなので、前述の高額になった土地の固定資産税が永久に課税されることになってしまいます。

つまり、困ったことに、空き家対策法によって特定空き家に指定されてしまうと、住宅が建っていようがいまいが、固定資産税（の課税標準）は6倍に上がったまま、土地を更地にしても固定資産税は6倍のままで変わらないのです。また、駐車場や資材置き場などに有効利用しても、住宅用地への減税措置がなくなったことに変わりはないので、高くなった固定資産税を支払わなくてはならないのです。

○修繕を重ねてもいつかは解体しなければならない

このように、相続した実家が特定空き家に指定されてしまうと、固定資産税等は**不動産を処分しない限り**、半永久的に支払わなくてはならなくなります。

もちろん、地方自治体の指導に従い、ある程度の費用を負担して相応の補修をした場合は、すぐに特定空き家に指定されることはないでしょう。

しかし、修繕は一度で終わるものではありません。築年数を重ねれば傷みや破損も蓄積され老朽化していきますから、どんな建物でも数年後にまた修繕が必要になります。最初は10万円程度で済んだ費用も、30万円、50万円、１００万円と大きくなってしまうでしょう。

また、当然ですが、建物を修繕し続けたとしてもいつかは寿命を迎えますので、その時は住宅を解体して更地にする必要が生じます。しかし、修繕を諦めて更地にしたら固定資産税が6倍になり、上がった税金は元に戻らず半永久的に課税されてしまいます。これは出口のない迷路に入ったとしか例えようがありません。

それなら中古住宅として売る、という対策も考えられますが、空き家が820万戸余りある日本で管理不足の中古住宅が簡単に売れる可能性が低いのは、既に不動産業者の常識となっています。

こうしたことを踏まえると、結果として特定空き家は、永久に元本の減らない借金と同じように、永久にお金を取られるマイナス資産と呼ぶべきなのかもしれません。

○特定空き家の指定基準

そして、特定空き家に指定される基準は、各自治体の裁量で決めることができるようになっています。ここまでの権限を自治体に与える法律は、恐らく他にないでしょう。

では、どのような空き家が特定空き家に指定されるのでしょうか？

「はじめに」で少し紹介したとおり、**特定空き家の指定基準として、〝保安上危険〟〝衛生上有害〟〝景観を損なっている〟**の3つが主なものとなっています。

言うまでもなく、空き家になっている住宅の多くは、築年数が経過しています。海沿い

空き家に対する自治体による手続き・措置

①空き家になり管理ができなくなる（しなくなる）

↓

②市町村長名で、調査の5日前までに立ち入り調査の通知が届く
拒んだり、忌避しようとすると20万円以下の過料

↓

③立ち入り調査
市町村から適切な管理を促進するため、情報の提供、助言又は必要な処置の指導

↓ 改善が認められないと

④相当の猶予期間をつけて必要な処置をとることを勧告
※この時点で土地の固定資産税が6倍になるが、税が賦課されるのは1月1日の所有者とされているため現実的に利活用（居住）や解体の猶予期間は残っている

↓ 勧告に係る措置をとらなかった場合は

⑤猶予期間をつけて措置の命令
※命令に違反すると50万円以下の過料に処される

↓

⑥行政代執行
自治体等が必要な措置をとって費用を請求される
※支払いを怠ると給与や不動産、預金が差し押さえられる可能性がある
所有者が不明であったり連絡がつかない場合は、公告した上で必要な措置を行なう「略式代執行」ができる

や積雪地の住宅の雨樋《あまどい》は十数年程度で目に見えて劣化します。海沿いのトタン屋根は10年で錆が見えることも少なくありませんし、テレビのアンテナが傾いている例も少なくありません。そのような空き家に対しては〝保安上危険〟を基準にして簡単に特定空き家指定ができます。

〝衛生上有害〟を基準にした場合、どんな住宅でも半年も留守にしていれば、野良犬や野良猫だけでなくスズメバチ等の巣ができてしまう可能性がありますし、ハエ・蚊の発生も基準になっているので、これだけでも特定空き家の予備軍となってしまいます。

〝景観を損なっている〟が基準なら、建物の汚れや錆はもちろん、庭木が伸びたり、落ち葉や雑草が伸びても景観を損ねるので特定空き家に指定されてしまう可能性があります。

大げさに見えるかもしれませんが、国土交通省が作成した自治体向けのガイドラインには、このような事例が事細かに列記されています。

さらにガイドラインでは、こうした事例だけに限らず、**「個別の事案に応じてこれによらない場合も適切に判断していく必要がある」**としています。つまり、特定空き家の指定基準は自治体のさじ加減でいくらでも変化するということです。悪く言えば、自治体は修繕が必要な古い住宅なら、自由に増税の対象にすることができるようになったのです（特定空き家に指定される恐れのある住宅の特徴や対策については、第3章で紹介します）。

○人口減少で急速に売却が難しくなっていく

さて、ここまでお読みいただいて、特定空き家に指定されるとどのようなデメリットがあるのか、おおまかにつかんでいただけたと思います。自治体から何か言われる前に早く対策を知りたい、という方もいるとは思いますが、その前に、空き家をとりまく住宅環境の悪化についても少しご説明しようと思います。ここを押さえておけば、**どのような空き家が売れないのか**がわかるはずです。

まずは、人口から考えてみましょう。日本の総人口は、２００8年の1億２０２8万人をピークに減少し続けていますが、住宅の売却に大きな影響があるのは、**購入層の人口**です。

皆さんが住宅を購入した年齢、もしくは購入したいと思っている時期はいつ頃でしょうか。住宅金融支援機構の２０１１年の調査によると、住宅取得の平均年齢は39歳（38～42

建築年代別の住宅ストック数

（統計局「平成25年住宅・土地統計調査」より）

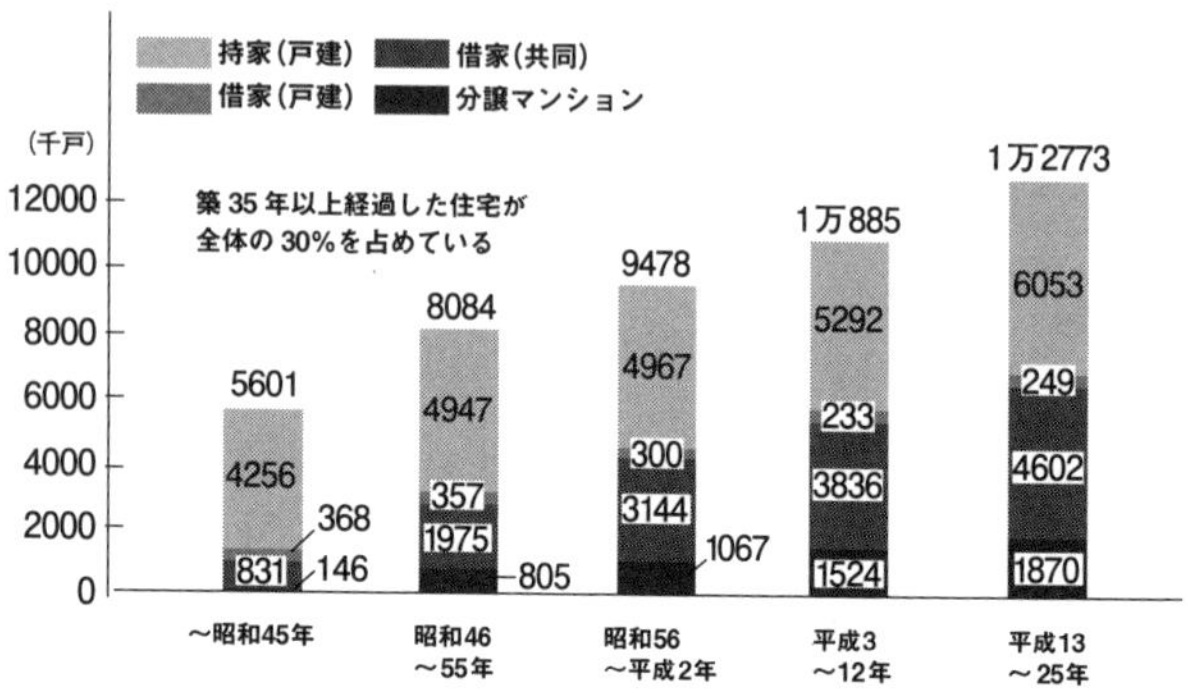

歳のデータもある）です。この住宅取得年齢の人々が、少子化に伴い年々減少しており、それが空き家の売買にも大きく関わっているのです。

総務省がまとめた人口推計によると、14歳以下の子どもの数は１６０５万人と、35年連続して減少し続けています。つまり、これから30年以上は住宅取得人口も減少し続けることがわかります。

具体的に言いますと、２０１４年の39歳人口は１８２万人ですが、５年後の２０１９年の39歳人口は１５６万人、10年後の２０２４年の39歳人口は１４１万人と、あっと言う間に激減し、わずか10年で40万人も減ってしまいます（総務省統計局の調査）。人口減少よりも遥かに速いスピードで、

住宅取得人口、つまり購入層の人口が減っている

のです。

また、逆に増えているのが死亡者数です。２０１４年の死亡者数は１２７万人でしたが、国立社会保障・人口問題研究所の「日本の将来推計人口（平成24年1月推計）」によると、２０１９年には１４１万人に増えると予想されています。そうすると、**居住者のいなくなった住宅が増える**可能性も高くなるわけです。

現在、65歳以上の高齢者のいる世帯は約２０９３万戸。このうち、夫婦２人の世帯が全体の３割以上を占めており、単身世帯と合わせると53・６パーセントを超えます（平成26年版高齢社会白書）。子どもとの同居の割合が減り、高齢者だけで暮らしている世帯が年々増えているのです。

つまり、高齢者が亡くなれば、住居人もいなくなり、相続人が居住したり売却したりしなければ、空き家になる可能性があるわけです。

こうした人口の推移から考えると、「景気が悪いから住宅が売れない」とか「景気が良くなれば高く売れる」というような単純な問題ではなく、「買い手は少ないのに空き家は増える」という状況が続いているため、空き家は売ろうと思っても売れないのです。

○非正規雇用の増加が家の売買を難しくする理由

また、住宅売買の成否は、人口だけでなく、**雇用**にも影響されます。

現実的に非正規雇用の人が住宅ローンを借りることは、極めて難しいと言わざるを得ません。最長35年の長期ローンとなる住宅ローンは、銀行にとっては低金利で貸し付けする安定収入となっていますが、銀行が借りてほしいのは当然正社員です。正社員、特に大企業の正社員なら、収入が安定している上に会社が簡単につぶれることもないので、ローンは組みやすいのです（ちなみに一番ローンを組みやすいのは、職場が潰れる心配がない公務員です）。

しかし、銀行にとって安定顧客である正社員は、今後は減少し続けることになります。役員を除く正社員の35～44歳の人口は、２０１５年で９３５万人。一方、10年後の住宅購入層になる25～34歳の正社員人口は７７２万人と、**住宅購入可能人口が10年後に１５０万人以上も減る**ことが予想されるのです（統計局「労働力調査」２０１５年平均（速報）結果）。現実的には、出産や退職等により、正社員人口はさらに減少するでしょう。

つまり、今後は人口減少だけでなく、住宅取得人口の減少、死亡者数の増加、経済的な購入可能人口の減少が複合的に影響を及ぼし、それら四重苦が空き家を増やす要因になるのです。

加えて、空き家の増加によって価格の下落が加速すれば、買い控えを招いたり、賃貸住宅で様子見をしたりといったことが容易に想像できます。

○首都圏の空き家も危なくなる

とはいえ、「でもそれって首都圏は関係ないでしょ」と思う方もいると思います。日本中の人口が減少している中でも、東京都だけは人口が増えており、売れない住宅系不動産が目立つことは少ない。そのため、首都圏で空き家が問題化しているのは、全国的に見れば特殊な例だと考えている人が多いようです。

しかし、東京都内の住宅であっても、買い手の見つからない住宅が目立つようになる時代は間もなくやってきます。

東京都の空き家の状況

東京都の空き家総数

75万戸（平成20年）
↓
82万戸（平成25年）
空き家率11.1％

（「平成25年住宅・土地統計調査」より）

空き家継続期間

3ヵ月未満	37.8％
1年未満	69.7％
不朽・破損もある	27.2％

（国土交通省「平成21年度空き家実態調査」より）

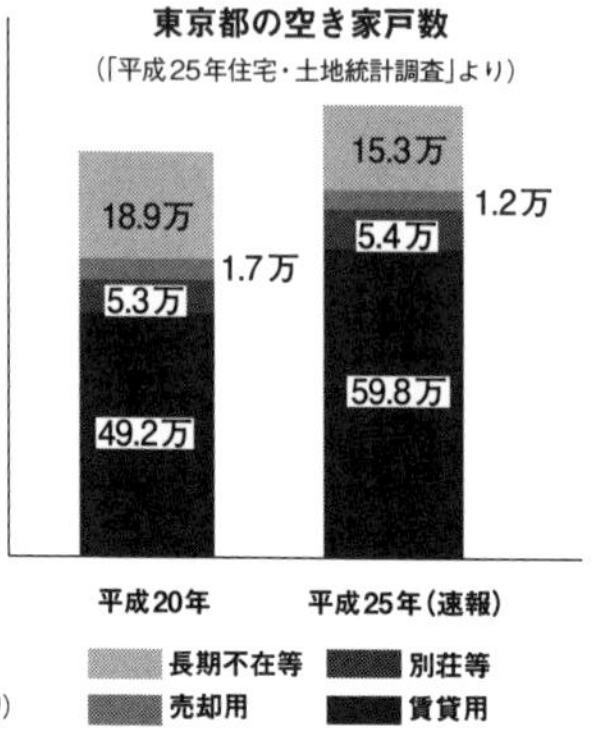

東京都の（昼間）人口は既に横ばいですが、現実的には高齢者人口が増加し、住宅取得の若年人口は既に減少が始まっています。それは首都圏の住宅であっても場所によっては資産価値の低下が進んでいると考えなくてはならないということです。

実際に、東京都の予想では、２０２０年の１３３５万人をピークに人口は減少し、２０３５年には１２７８万人となるとされています。多摩地域にいたっては、２０１５年ですでにピークを迎えると言われています。

安泰だと思われがちな東京23区内であっても、足立区、葛飾区、杉並区、北区、中野区など、既に生産年齢人口（15歳～65歳）が減って

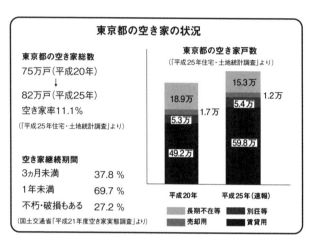

いる区があり、首都圏であっても確実に不動産を資産として活用できるとは言い切れない地域が出てきているのです。

○地方の中核都市では

また、現在人口の減っていない地方の中核都市であっても、**比較的安全な資産と呼ばれているのは県庁の近く、市役所の近く、公立大病院の近く、自衛隊の駐屯地近く、トヨタの工場に代表される輸出競争力の高い産業の工業団地等の、数千人から数万人規模の正社員雇用が安定している会社・施設等の近く**だけです。

注意すべきなのは、駅の近くであったり、大学等の教育施設があっても、利用者が頭打ちになっている場合は、住宅の資産価値も不安定な点です。また、首都圏ほど人口の移動が激しくない分気づきにくいのですが、地方の中核都市は、周辺地域で売れない住宅がジワジワと増えており、気づいたときには資産価値が下落していることも十分ありえるのです。

今後もプラス資産と呼べるのは、

- **価格さえ下げれば売却できると思われる利便性の高い地域**
- **駅・学校・病院・食料品店等が近く、住みやすい地域**
- **大規模に正社員を雇用する企業・施設等の近距離、通勤圏**

以上の3点に該当しない場合は、資産価値が下がることはあっても、上がり続けるということはおそらくないでしょう。

○危ないのはこんな住宅

逆に言うと、これらに複数該当しない住宅は、いざ手放そうというときに思っていたほどの額がつかなかったり、値段がついても買い手がなかなか見つからない、という事態に陥る可能性があるのです。余程手入れが良くないと古い建物の市場流通性は大きく低下しますし、人口減少地域であればなおさら買い手がつきません。
土地の評価額が低い地域で危ないのは、

・木造で築後30年以上経過しており、修繕もあまりしていない
・鉄骨（戸建）で築後35年以上経過しており修繕もあまりしていない
・子どもが減っていて、小学校の学級が１学年２クラス以下の学年がある地域
・小中学校まで歩いて30分以上かかる
・自転車で30分以内に高校がない、駅まで自転車で20分以上かかる
・坪単価５万円台（造成した原価程度）で売られている整形の土地が近隣に多い
・地盤が悪い（悪いと噂されている）

これらの地域では住宅の需要が低下しています。売りたいときに売れればいいと考えていては危険です。リスクの少ない資産へ組み換えを考えるのであれば、早い方がいいでしょう。

バブル期に新築した郊外の住宅・土地の相場価格

維持管理がされ比較的流動性の高い住宅の時価

・取得価格1500万円の土地の評価は
バブル期の1／3の価格と仮定して、**500万円**

・外溝を含めた建築価格2500万円の建物の評価は
バブル期の15%と仮定して、2500万円×0.15 = **375万円**

・新築時4000万円の住宅の評価 外溝を含めて875万円

※維持管理を怠っていたり、立地が悪かったりすると売れない可能性も

○バブル期の住宅もそろそろ対策が必要

住宅がどのような状態になっていると危険かは2章で紹介しますが、築年数を考慮すると、バブル期に建築された住宅も、そろそろ対策が必要な時期が迫っています。

購入当時は高額だったマンションや分譲住宅でも、建築されてからすでに30年近くが経過していますので、資産価値はかなり低下しています。特に木造建物の評価はほとんどなくなっており、維持管理が行き届いている場合でも、**建築時価格の10～20パーセント程度の評価**しかつきません。

また、住宅だけでなく土地にも注意が必要です。流動性の高い土地でも、地方ではバブル期価

格の2分の1～4分の1にまで土地の評価額が低下しているのです。価格が下がるということは、購入者が少ないということですので、両親がこうしたバブル期に買った住宅や土地に住んでいる方は、他人事だと思わずに対策を考え始めるべきだと思います。

○身近にある相続リスク

さて、これまで見てきたように、特定空き家指定によって生じるリスクや住宅市場の現状を考えると、不必要な住宅を持たないことが解決策の一つであると言えるでしょう。そのためには、知らずに住宅の所有者になるかもしれない、**相続のリスク**についても、きちんとご自身の状況を把握しなければなりません。

あなたの両親や配偶者の両親、子どものいない兄弟姉妹が亡くなった時、大きな負担をもたらす可能性があるのが、相続財産の維持管理負担です。莫大なお金を残して亡くなった場合は問題ないでしょうが、相続資産が住宅以外に少なく、葬式代とお墓の供養費程度の金融資産しか残っていなかった場合は、大きな負担になるかもしれません。

例えば、地方の実家で親が亡くなった時、「別荘代わりに実家を利用できるのもいいかな」と軽く考えて実家を相続してしまったら、思いもよらない負担を強いられる可能性があるのです。

というのも、民法では、**被相続人が、相続権があると知ってから3カ月が経過してしまうと、基本的に相続放棄はできなくなる**と定められています。

具体的には、3カ月以内に家庭裁判所へ「相続放棄申述書」を提出しないと相続を承認した扱いになり、法務局への相続登記をしていなくても、あなたが法定相続人、つまりは所有者として扱われることになるのです。

その時からあなたには実家の所有権と共に、多くの法的義務が課せられます。

社会的義務だった実家の維持管理が空き家対策法によって法的に強制力のある義務となり、前述のとおり修繕・維持管理費、さらには解体費用の負担も義務化され、大きな負担が課せられることになってしまうのです（相続の対応については2章で紹介します）。

◯空き家を所持している場合の自治体の対応

そして、住まない住宅を知らぬ間に相続したあなたには、実家の自治体から毎年固定資産税の納付書が送られてきます。空き家対策法の施行により、地方自治体は亡くなった人の戸籍や土地台帳から相続人を探すことが可能となったので、固定資産税を支払うように通知をしてくるのです。たとえ相続した実感がなく、相続の登記をしていなくても、です。

もちろん、所有者である以上、居住する（利用する）権利はあります。売却したり賃貸する権利もあります。しかし、必要もないのに対策をとらず放置していては、いつか特定空き家に指定されてしまい、余計な税金を払い続けなければならなくなるのです。

前述したとおり、修繕勧告に従わないと50万円の過料になる可能性がありますが、それでも従わなければ、自治体等によって修繕や解体がおこなわれます。これを**代執行**といいます。

代執行は助言・指導、勧告、命令の順を経た上でないと行えませんが、強制力があり、よほどの理由がなければ退けることはできません。

しかも、代執行によって発生した費用は所有者に請求されます。代執行の費用回収率はあまり高くはありませんが、固定資産課税台帳や戸籍をたどれば所有者は特定できるので、通知書や命令書が送られているのであれば、逃げることは難しいでしょう。

行政代執行（代執行）の流れ

行政代執行とは

・国や自治体などの行政機関が義務を果たさない人に代わって強制的に撤去などの処置をおこなうこと。

・費用は所有者（相続人）の負担となり、税と同じように強制徴収することができる。

・行政機関のみ行える。

行政代執行の手続き

①違法状態の確認
↓
②文書での戒告
↓
③代執行令状の提示
↓
④行政代執行
↓
⑤代執行費用の徴収

代執行費用の徴収は滞納税金等と同じように給与差し押さえや、預金差し押さえの他に、不動産の差し押さえ ＋ 競売等による強制徴収ができる。

支払いを渋れば、最悪の場合は**預貯金や給与が差し押さえられてしまいます**。あなたにお金がなかったとしても、**自治体はあなたの住む家を差し押さえ、競売にかける権利すら与えられている**のです。

実際、２０１６年3月には東京都葛飾区で所有者が判明している空き家が代執行の対象となり、撤去されました。この所有者のように、行政の改善指導に従わなければ、強制的に解体されることになるのです。

また、所有者への連絡がつかない場合などでも、文書等による戒告を経ずに、公告等によって行政代執行が行われる場合があり、所有者が全く知らずに突然費用を請求される可能性もあるのです。

こうしたリスクを回避するためには、事前に**相続放棄**をするのが一番です。相続放棄とは、文字どおり資産（プラスもマイナスも含めて）の相続権を放棄することです。相続トラブルへの対策については第2章で紹介しますので、相続について悩んでいる方は、ぜひ参考にしてください。

○自治体の本音

　さて、これまで見てきたように、空き家対策法では所有者自らが老築空き家の対策を推進したくなる点は全くありませんし、下手な対策を打てば損をし続ける、ムチの法律です。自治体から解体費などの助成が受けられることもありますが、売れる可能性があるかは別問題です。また、助成金は上がった固定資産税の数年分にしかならない場合があるので、恩恵があるとは言い切れません（自治体からの支援策については177ページから紹介します）。

　今すぐ危険な空き家を減らしたいのならば、有効な方法は他にもたくさんあります。築○年以上の空き家解体に一律で補助金を出す方法や、時限立法で老築空き家を所有者が解体したら○年間は固定資産税を減免する方法などで猶予を与えれば、所有者は自然に空き家対策を推進するはずです。

　ではなぜそのようなアメを与えないのか？　実は普通税に分類されている固定資産税は、市町村からすると、黙っていてもお金を生んでくれる打ち出の小槌や金の卵を産む鶏

市町村税の税収構成（平成24年度決算）
（総務省「平成26年版地方財政白書ビジュアル版」より）

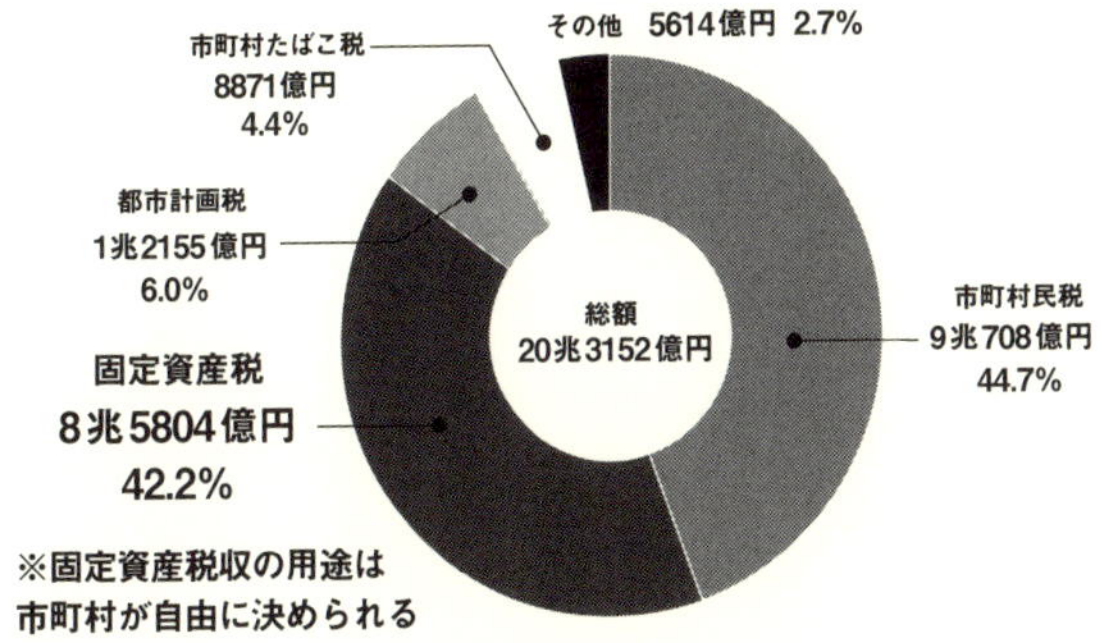

のようなものなのです。大都市を除いて、**市町村は地方税収の４割以上を固定資産税に依存**しており、その固定資産税は普通税、つまり一般財源であるため、目的税とは異なり、**使い方を自由に決めることができる**のです。

例えば、国民健康保険税なら医療の目的税、自動車重量税や揮発油税は道路特定財源として使う用途が基本的に決まっています。しかし、固定資産税は市町村が自由に使えるお金なので、行政にかかる費用だけでなく、職員への給与にもまわすこともできるのです。

悪い言い方をすれば、自治体職員の給料・ボーナス・退職金・年金の財源にもなる税金なのです。健康保険税の不足によって高齢者の自己負担が増え、自動車税の低下で道路維持費も減っていますが、誰でも自分のお給料は減らしたくないもの。そのため固定資産税を最も大切な税金と考え、その徴収が最も重要な業務と考えている役所の職員もいるほどです。仕事上、自治体職員と接する機会が多い方々なら、心当たりがあるのではないでしょうか。

空き家対策法の目的が、長期的には危険な空き家の撤去にあるのはもちろんですが、地方自治体（市長村）の税収確保を想定していることも、覚えておいた方がいいでしょう。

○自治体は不動産の寄付をほとんど受け付けない

また、空き家対策で過度に自治体に期待するのも危険です。

例えば、売れない不動産を所有した人が隣地の人に「買って欲しい（もらって欲しい）」と頼んで断られた時、地方自治体に寄付するのはどうだろうか、と考える方がいます。地域の公民館代わりであったり、防災スペース、排雪スペース、福祉施設に保育所など、用途は様々で有効利用しようとすれば可能でしょうし、多少なりとも地域の役に立つでしょう。個人や企業と違い、地方自治体の土地には贈与税や固定資産税も発生しませんので、期待して市町村の担当者に相談へ行く人も近年増加しているようです。

しかし、多くの場合、**地方自治体は不動産の寄付を受け付けません**。「前例がなく受け付けておりません」等と、あっさり断られます。粘って詳しく担当者に事情と目的を説明しても、「検討いたします」「担当部署と協議いたします」などと言われて、１週間、２週間、１カ月が過ぎ、気づけば納税の期日がやってきます。

寄付しようとした不動産が、自治体も活用しようのないものだったら仕方ありませんが、実際に公共の利益になる場合でも、なかなか思うようには進みません。私の知っているケースで言うと、隣接した小学校の敷地としての寄付を申し出て断られた人もいるほどですから、土地（建物）を自治体に寄付するのは難しいのが現実です。

その理由は前述のとおり、所有者がいれば固定資産税を徴収して自治体の税収にできるからです。課税対象にならない専門書籍や防災に役立つ品、スポーツ用品の寄付なら比較的容易に受け付けてもらえるようですが、個人所有の不動産は驚くほど交渉が進みません。

ではどうすればいいのでしょうか？　実は、寄付を受けてくれる可能性のある団体も、少なからずあります。171ページから紹介いたしますので、気になる方は先に読んでみてください。

○地方自治体の空き家バンクの実態

では、最近話題になっている「空き家バンク」はどうでしょうか。空き家バンクとは、移住者や開業を希望する人に空き家情報を提供するという自治体の取り組みで、地方への定住促進によって地域を活性化する方法として注目されています。

人口を増やしたい地方自治体も本気になって考えているようですし、努力している職員さんもいますが、残念ながら継続的に人口増に結び付けている例は、極めて少ないようです。

そもそも、空き家バンクが必要になった原因は、前述の少子高齢化や雇用の変化によって、購入希望者よりも売却希望者が多くなっているためです。

大都市部や中核都市とは異なり、利便性の高くない人口減少地域では、民間の大手不動

空き家バンクとは

・空き家情報の公開や賃貸・売買の斡旋によって、空き家への定住促進・地域の活性化を目的にしている自治体の事業
・農業支援、就業支援、子育て支援、リフォーム等の助成をあわせて行っているケースが多い
・人口減少の激しい自治体は積極的で、財源が安定している自治体は積極的でないことが多い
・地域によって、退職者の定住狙いの自治体と子育て世代を狙う自治体があり、助成金や、補助金の考え方や手法が大きく異なる
・地域によっては契約を不動産業者へ依頼することがあり、その場合は手数料が発生する
※当事者同士の契約のため、賃貸・売買に関しては地方自治体が責任を持つことはない

産業者は儲けを期待できないため、事業参入することはまずありません。土地や建物の調査をしたところで、利益を出すことができない地域と判断しているのです。そのため、**地方自治体が民間の代わりにやむを得ず売れない空き家対策としてやっている**のが実体なのです。

売れる不動産であれば、ノウハウ（資格）を持ち、供託金を預け責任のある不動産業者の斡旋で売買されますし、それはこれからも変わらないでしょう。逆に自治体が行えば税金を支払う企業がなくなりますので、大都市の自治体は積極的ではないはずです。

しかし、価格の低い人口減少地域では様相は一変します。業者の収入が少なく、成約率も低

いため、仕事として成立しないことが多いのです。不動産業者の収入（仲介手数料）は売買金額が基準になるので、他に仕事のある業者は好んで不人気地の売買はしません。

今まで民間の不動産業者によって売買が成立しなかった地域ですから、前向きな制度であるのは事実です。しかし、その地域に魅力がなかったり、不便な場所であったりすれば、全国的に人口と世帯数が減少している中で同じことを自治体がはじめても、その効果が小さいのも明らかです。

また、売買契約自体は空き家所有者と購入者との間で交わされるものなので、自治体が責任を持つことはありません。トラブルが起きれば自己責任、というわけです。

人口と世帯数が減少し始めた今、その地域の人口減以上の新規定住者が継続的にやって来る自治体は、ごくごく一部です。空き家を呼び水にするだけでは、所有者だけでなく、自治体も痛い目を見るかもしれないのです（とはいえ、条件さえ合えば助成金で有効活用できる可能性があるので、その方法については5章で紹介します）。

○定住をすすめる自治体職員は他所へ移住していく

こうした事態に危機感を抱き、対策を考える自治体がある一方で、仕事は仕事、自分のことは自分のことと割り切っている職員がいるのも事実です。意外に知られていませんが、人口減少の激しい地域では、自治体を退職した職員の多くが利便性の高い場所へ移住しているケースが多く見うけられます。

理由は簡単、不便だからです。

退職した職員は「息子や娘の近くに住みたい」「孫にすぐ会える場所にいたい」と望みます。理由は他にもありますが、退職金を得たら便利で過ごしやすい場所へ住みたくなる気持ちを抑えられない人が少なくないようです。

仕事の時は空き家対策等で地方への定住促進をしていた人たちが、定年と同時に利便性の高い場所へ移住する。これでは、自分たちの街を本当に良くしようとして取り組んでいたのか、疑わざるを得ません。

そして、定住促進をしていた地域はますます経済的に逼迫し、医療も買い物も不便になっていきますので、中長期的には空き家の増加を加速する要因の一つになっています。

定住促進のための支援事業や補助金をよく知っている職員が移住して出ていくのでは、

地方への定住促進を期待しても効果が大きいとは思えません。

このように、残念ながら空き家対策に関しては、国にも地方自治体にも大きな期待はできません。国や自治体による支援を利用するためには、自分が働きかけて行政側を動かす必要があります。自分で何とかしないと、空き家問題は解決しないのです。

ということで、空き家を売れない不動産（永久に課税される負動産）にしないしないためにも、第2章以降で特定空き家に指定される住宅の具体的な特徴を整理し、対処法を紹介します。所有している、もしくは所有するかもしれない空き家がどのような特徴かを把握し、対策に役立てていただけると幸いです。

第2章

空き家相続の基本

○空き家相続を避けるには相続放棄をするしかない

こんなに面倒なら空き家なんか相続したくない。そう思う方は少なくないと思います。しかし、親が亡くなった直後は、悲しみに暮れて実家の扱いをどうするかなどは考えられないかもしれませんし、思い出深い家を売るなんて、感情が許さないかもしれません。そこまで感傷的にはならないけど、手続きが面倒くさそうだから遺産整理は兄弟姉妹に任せてしまおうと思う方もいることでしょう。

そんなこんなで時間が過ぎ、いつの間にか不動産の所有者になっていた、というケースをよく聞きます。そして故人の所有していた住宅等の資産は、法定相続人＝あなたが相続したとみなされて、自治体から固定資産の納税通知が送られてくるようになるのです。

43ページでも少し触れましたが、空き家を相続したくないのであれば、**相続放棄**をするしかありません。手続きの期間や必要なものなどの情報を事前に集め、準備しておく方が作業をスムーズに進めることができるでしょう。

そこで本章では、空き家を相続する前に知っておきたい法律上の手続きやその準備の方

法定相続人とは

死亡した人の**配偶者**は常に相続人
配偶者以外の人は、次の順序で配偶者と一緒に相続人になる
第1順位　死亡した人の子ども
※子どもが既に死亡しているときは、子どもの子や孫などが相続人
子どもも孫もいるときは、子どもの方を優先
第2順位　死亡した人の直系尊属（父母や祖父母など）
父母も祖父母もいるときは、父母の方を優先
第1順位の人がいないとき相続人になる
第3順位　死亡した人の兄弟姉妹
兄弟姉妹が既に死亡しているときは、その人の子が相続人となる
第1順位の人も第2順位の人もいないとき相続人になる

法、さらには、相続した場合の手続きや火災保険、地震保険の扱いなど、後々困らないためにやっておきたい対策を紹介します。

○相続人の人数を調べる

まずは相続人の人数と連絡先を確認しましょう。この作業はとても重要です。なぜなら、**法定相続人全員の記名押印（印鑑証明付き分割協議書等の書類）がないと、相続はできない**からです。

上の図をご覧いただくとわかるとおり、法定相続人は配偶者＋子どもが基本です。もし、相続人が集まらなければ、家を売ることも、預貯

金の引出しもできなくなってしまいます。

両親が2人とも高齢な場合は、元気なうちに準備をして、兄弟がいる場合は、情報を共有しておくようにしましょう。

○相続前にどのくらいお金がかかるかを知る

次に、親の相続財産の種類（現金、不動産、有価証券など）と合計金額（もしくは評価額）がどの程度になるかを確認しておきましょう。

何から始めればいいいかわからない場合は、まず資産がプラスになるかどうかを確認してください。これがわからないと、マイナスの資産を相続してしまうかもしれませんし、相続人が皆きちんと把握していなければ、分割協議ができずに実際の相続手続きができなくなることがあります。

借金をしていて資産がマイナス、もしくはあまり残っておらず、土地も利用する予定がないのであれば、対応は簡単、相続放棄をすれば問題は解決します。しかし、老後に備えてコツコツ貯金してきたという方の場合は、資産はプラスになりその金額に応じて相続税の支払い義務が発生する可能性もあります（ちなみに、資産がマイナスであれば、当然ですが相続税は課されません）。

この相続税の支払い義務は、遺産の合計が基礎控除額を超えた場合に発生します。遺産とは、土地や住宅、借金、有価証券、一部の生命保険など、プラスとマイナス両方の資産の合計です。

そして基礎控除額とは、**3000万円＋法定相続人の人数×600万円**のことです。

例えば、法定相続人が妻と子ども3人なら、基礎控除額は3000万円＋4×600万円＝5400万円となります。もし、資産が5400万円以下であれば、相続税の支払いはありませんが、上回るようであれば、金額に応じて相続税を支払わなければいけません（2016年5月現在、相続税の税率は58ページの表のとおりです）。

繰り返しになりますが、土地を相続放棄するかどうかを決めるときは、遺産の状況をきちんと把握することが肝心です。財産の整理の際は、まず資産がプラスになるかを確かめましょう。そしてプラスになるのであれば相続税が課税されるかどうかを確認し、現金を納付

相続税税率【平成27年1月1日以後の場合】相続税の速算表		
法定相続分に応ずる取得金額	税率	控除額
1000万円以下	10%	なし
3000万円以下	15%	50万円
5000万円以下	20%	200万円
1億円以下	30%	700万円
2億円以下	40%	1700万円
3億円以下	45%	2700万円
6億円以下	50%	4200万円
6億円超	55%	7200万円

(国税庁ホームページより)

することができるかどうか、さらには葬儀費用が充分にあるかどうかなど、相続や葬儀に伴いどのくらいの費用がかかるかも知っておくべきです。自分や兄弟だけでわからない場合は、弁護士や司法書士にも相談して、早急に調べておきましょう。

また、相続にかかる費用として、司法書士や弁護士への支払い額も忘れずに調べておきましょう。遺産整理を司法書士や弁護士に依頼すると、相続額に応じて金額は変わりますが、安くても30万円、相続額が5000万円以上になると100万円以上が必要になるので、その費用を用意できるかも考えておくべきです。

○相続放棄手続き

遺産整理が終わってプラスの資産が少なく土地も不要だという方は、相続放棄の手続きに入りましょう。

手続き完了までの流れはシンプルです。まず、法定相続人が、被相続人が亡くなったことを知ってから3カ月以内に家庭裁判所へ申し立て、相続放棄の申述を受理した旨の通知書が届けば手続き完了です（裁判所へ相続放棄の申請をしたその時に、相続放棄申述受理証明書の交付を受けておくと、債権者へ提示する時に使えます）。

相続放棄の費用は、自分で手続きすると、裁判所によって異なりますが、2000円程度ですみます。一方、司法書士や弁護士に依頼すると、司法書士なら3万～6万円、弁護士なら相続人一人当たり8万円～15万円程度は必要です。債権者の数が多いとさらに高額になる可能性もあります。

自分でやったら2000円ですむことを数万円もかけて頼むのは気が引けますが、自分ですべてやるにはそれなりのリスクがあります。というのも、**家庭裁判所に相続放棄の申**

し立てをできるのは一度だけで、却下された場合、手続きをすることができなくなるのです。事前知識が不十分な状態で手続きをして、万が一間違えたりしては、申し立てを却下され、いらない土地や建物を相続するはめになるかもしれないわけです。きちんとした知識を備えていない場合は、司法書士や弁護士に任せたほうがいいでしょう。

注意点としてもう一つ、前述したように、一度相続してしまった財産を相続放棄することは困難です。相続したつもりはなくても、手続きを忘れていたり、一部を売却して現金化したり、処分したりすると、相続したとみなされ、相続放棄の申請はできなくなります。ただ、「相続放棄申請期間の3カ月を経過した後だけど、相続放棄をしたい」と思った時、司法書士や弁護士に手続きを依頼すると、無事に手続きができる場合が多々あります。

基本的には3カ月を過ぎれば相続放棄はできませんが、親の借金が見つかるなどの正当な理由があれば、認められることになっています。ただ、「実家を相続したくない」という理由では難しいでしょう。いずれにせよ、わからないことが多ければ、司法書士への相談を検討してみてはいかがでしょうか。

○相続放棄をしてももらえる資産

また、相続放棄をしたとしても、もらえるお金が実はあります。それが**死亡保険金**と**遺族年金**です。

死亡保険の契約者が死亡すると、受取人に保険金が支払われることになるのですが、この保険金は死亡した人の財産ではなく、受取人の財産と見なされるため、相続資産の対象外になるのです。ただ、死亡保険は税制上みなし相続財産とされ、課税対象になってしまう点は注意が必要です（ちなみに、死亡保険に相続税が課されるのは、契約者と被保険者が同じ場合です）。

とはいえ、相続放棄をした場合でも、基礎控除は受けられるので、「3000万円＋相続人の人数×600万円分」の金額以下であれば、非課税となります。保険はあくまで残された遺族が困らないために支払われるものですから、税金で大幅に減ることは少ないでしょう。

同様に、遺族年金も相続財産ではないため相続放棄をしていても、受け取ることができます。あくまで遺族が困らないために支払われるお金なので、相続放棄をしてももらうことができますし、逆に**遺族年金をもらっていて相続放棄ができなくなることはありません**。心配であれば、司法書士や弁護士に使っても問題がないかを確認してみましょう。

○人口密集地の相続人と地方の相続人の認識の違い

住んでいる場所が違うだけで、住宅の資産価値に対する考え方は大きく変わってしまうものです。

地方の相続人からすれば、バブル景気後、四半世紀以上にわたって地価は下落していますので、住宅の資産価値は低く評価しがちですが、大都市の相続人は違います。ミニバブル等によってマンション価格が上下しており、都心に近く交通の便がいいマンションほど高額になるため、両者が遺産整理の話をしようとしても、住宅の資産価値判断に対して話がかみ合わないことがしばしばあるのです。

「周辺にショッピングモールなどができるまで待てば、一時的にせよ、地価が上がるかもしれない」

都市部の相続人はそう思って土地を相続しようとするかもしれませんが、これまで書いてきたとおり、都心で交通の便のいい土地でなければ、地価は上がりませんし、地方に住む相続人ならわかっているでしょうから、相続をしないほうがいいと勧めることでしょう。それがきっかけで兄弟間のトラブルになるというケースは少なくありません。

そうしたトラブルを回避したいのなら、専門知識を持つ人の力を借りるのが一番です。相続放棄をした方がリスクが少なくすむのであれば、説明のために、不動産業者や銀行などの助言や具体的な資料等を用いてみましょう。大事なのは、相続人の間で共通の認識を持ち、不良資産を持たないように相続することです。

○相続して活用したい場合の手続き

ここまで相続放棄の方法について紹介してきましたが、相続して活用するという方法も、場合によっては効果的です。

当然ですが、プラスの資産が多ければ、相続放棄はしない方が多いと思います。また、土地を売却したり、リノベーションして賃貸として活用したりすることでメリットがある場合は、実家を相続するという方法も有効です（売却しやすい住宅や賃貸にして効果的な住宅については4章をご覧ください）。

しかし、事前に必要書類を集めたり、手続きをしておかないと、売りたい時に売れないことがあります。そこでここからは、そうしたトラブルに巻き込まれないためにはどのような手続きをすればいいのかを紹介します。売却を検討している方は、これらを読んで早めに準備しておきましょう。

まず、土地や住宅を相続するためには、**相続登記**が必要です。相続登記とは、亡くなった人の不動産の名義を、法務局管轄の登記所で相続人の名義にかえる手続きのことです。登記をしなくても罰則はありませんが、法定相続分に応じた権利や義務、負担を有することになっていますし、**売却等をする前に売主を確定させるために必要**となります。相続登記をしておかないと売却はできませんし、担保にお金を借りることもできません。

また、相続の手続きや後述する分割協議書の作成によって所有者を明確にしていなかっ

相続登記の手続き

相続登記とは

亡くなった人の不動産の名義を法務局管轄の登記所で相続人の名義に変える手続き

登録の義務はないが、登録をしていないと、売却や賃貸として活用することができない

相続登記の流れ

①亡くなった方の出生から死亡までのすべての戸籍（改製原戸籍、除籍謄本）を取得

②相続人を確定し、相続人全員で遺産分割協議

③分割協議書の作成（全員の印鑑証明書を添付）

④相続登記申請書類を作成し申請

（課税標準の0.4％の登録免許税が課税される）

※自治体ごとに書類の形式が異なることがあり、手続きが面倒なため、基本的には、司法書士に頼んだほうがよい

自分でもできる戸籍や住民票、固定資産評価証明書の取得方法

亡くなった人が居住していた自治体へ被相続人の委任状を持っていけば調べることができる

市役所・町村役場等へ出向くか郵送で取得することも可能

たら、法定相続人が際限なく増えてしまい、売却が困難になる可能性もあります。

というのも、法定相続人の誰かが亡くなってしまうと、その亡くなった人の法定相続人全員の同意が必要になり、全員の実印と印鑑証明書が必要になってしまうのです。

例として、父が亡くなってからしばらくして、姉が亡くなってしまうというパターンを考えてみましょう。姉に夫がいて、子どもが2人いた場合、この3人も父の法定相続人になるわけです。こうなると、手続きの手間は、2倍3倍と増えて問題が大きくなることがあります。不測の事態に備え、後回しにしたりせずに対応するようにしましょう。

登記に必要な書類は主に3種類。亡くなった人に関する書類（戸籍や住民票等）と相続人に関する書類、不動産の証明書などです。さらに、遺産に関して遺言がなければ、相続人全員で遺産の分け方について話すことになるので、その協議書も作成しなければなりませんし、遺言で何か指定があれば、用意するものは増えるでしょう。

ちなみに、遺産の分け方について決めることを遺産分割協議といい、だれがどの資産を相続するかをまとめた書類を**遺産分割協議書**といいます。相続人全員が参加して決めなければ無効です。作成は義務ではありませんが、不動産の名義変更で求められるので、必ず用意しておきましょう。

こうした相続登記の登録は、自分でもすることができますし、インターネットで調べれば一人で登記をする方法が出てきます。しかし、登記所に連絡をとったり、自治体から亡くなった人の戸籍や住民を取り寄せたりと、書類の用意や手続きが大変なので、現実的には司法書士に頼む人が大半です。

それでも費用を抑えるために自分でやりたいという方は、法務局や登記所にまずは電話をしてみて、どうすれば手続きができるかを相談してみましょう。事前に電話で必要な書類を聞いて窓口に持っていけば、今後の対応の相談にのってくれるはずです。

そこまでするのは時間的に厳しいという方は、親の書類の取り寄せや必要な手続きは司法書士に任せて、自分の書類だけを用意すればいいでしょう。

注意点としては、**相続人に関する書類は、相続人全員が用意しなければならないことです**。そのため、自分は早めに対応していても、他の相続人が怠けていたり、病気や怪我で自由が利かない状態では手続きが遅くなってしまう可能性があります。そうならないためにも、相続人との情報共有はきちんとしておきましょう。

この際に必要な書類は、被相続人の戸籍謄本と、相続人全員の現在の戸籍、住民票（本籍つきのもの）または戸籍の附票、印鑑証明書などです。**戸籍は必ず、被相続人が亡くなったあとのもの**を用意してください。相続権があることを確認するためには、現在のものでなければいけないので、古い戸籍ではいけません。

○親から相続した不動産の所有権を他に移す手続き

こうして相続登記によって名義を変更したら、売却の際には**所有権移転登記**が必要になります。所有権移転登記とは、不動産を手放し、所有権を他に移す手続きのことです。親から自分に変更した名義を、不動産の買主に変更するわけです。

必要なものは、所有者の実印と、印鑑証明書、権利証（登記識別情報）などです（4章の戸建住宅の売却も参照ください）。ちなみに、相続登記と同時に申請することも可能です。

この場合も自分で手続きをすることもできますが、司法書士に対応してもらうほうが現実的です。売却を検討している方は、相続登記だけでなく、所有権移転登記でも司法書士の世話になることになりますので、事前にどのような手順になるのかを聞いておき、準備をしておきましょう。

○忘れがちな火災保険・地震保険の手続き

さて、相続登記が無事に終わっても、まだ安心はできません。というのも、火災保険や地震保険などの手続きが残っているからです。

火災保険とは、火災、落雷、風雪、水害、盗難等の損害や事故を補償する保険のことで、対象とする事故や建物、地域等で保険料は異なり、加入する保険会社等によっても補償内容は大きく異なります。また、地震による火災や津波によるものは対象外です。

もう一方の地震保険は、地震や噴火によって発生した火災、津波、損壊、埋没、流出等、火災保険ではまかなえない損害を補償する保険です。そのため火災保険と同時加入しなければいけないきまりで、単独で加入することはできません。地域により大きく保険料が異なりますが、保険会社等による違いはなく、火災保険額の2分の1までしか契約できません。

では、これらの保険は、親が亡くなって実家が空き家になった後も契約していたほうがいいのでしょうか？　誰も住んでいない家でも、何かあったら心配に思うのは誰でも同じです。しかし、その一方で、そもそも空き家に保険をかける必要があるのか、疑問を抱く人も少なくないと思います。

はっきり言って、住む予定がなく、相続放棄や解体などにすぐ取り掛かるようなら、火災保険に加入しなくても大きな問題にはなりません。

それでも、空き家にしておくと、火災が起きた時に119番へ通報するのが遅くなったり、放火されるリスクがあったりするから加入しておいた方がいいという人もいるかもしれません。しかし、空き家が火災により焼失した例は意外に多くないようです。

実際は**タバコやたき火、コンロ、ストーブなどの電気製品を使っている人がいないので、火災の原因になる火の元がありません**し、電気の契約を止めておけば火災の可能性はさらに低くなります。

一番よく聞かれる近隣住宅への延焼に関しても、火災保険に入っていても補償されませんし、大火災の火元になった時でも、所有者に損害賠償の責任はありません。重大な過失があれば責任を負いますが、わざとでなければ責任は生じません。

　そもそも、日本の住宅の13・5パーセントを占める空き家に火災が多いのであれば、もっと大問題になっているはずですし、消防庁が注意を呼びかけるはずです。

　ただ、解約するにせよ契約を続けるにせよ、**故人の名義で保険に加入していた場合、相続人が新たに手続きをしなくてはなりません**し、故人の口座で引き落としになっていた場合は、死亡と共に口座自体が凍結されているので、こちらも手続きが必要です。また、契約を続けようと思っても、**保険料の安い保険会社や共済系では、空き家の加入を認めない場合もあります**ので、あらかじめ調べておく必要があります。

　火事の心配をするなら、火災保険に入ることを検討するだけでなく、火の元になりそうなものを置かないようにするのが、最も大事です。加えて、電力会社に連絡をして通電していない状態にしておき、簡単に敷地内に出入りできない状態にしておけば、火災リスクをさらに軽減できます。

　地震保険に関しても、保険の手続きは相続人が行わなければいけません。そして、加入を続けるかどうかを判断するには、被災のリスクを考慮する必要があります。

地震保険料は都道府県ごとに統一の料金が決められていますが、被災リスクは地域によって大きく異なっているため、割に合わない場合もあるのです。例えば海が近い、崖が近い、断層に近い、埋立地等の場合は、地震や津波の被害と被災リスクは桁違いに大きくなることが多くありますので、リスクの低い地域より割安感があります。

ただ、現在の建築基準法の規定に基づいて造られた建物は、耐震性にかなり気を使っています。最大震度7を観測した阪神・淡路大震災や新潟県中越沖地震であっても、昭和56年6月1日以降に建築確認を受けた新耐震基準の建物は、概ね倒壊しませんでした。地震災害の被害に遭うのは、古い建物や、地震に伴う火災、津波に巻き込まれた住宅です。

現在はこれまで被災した地域の特徴などから、地震で大きな被害を受ける危険性のある場所を、次のようにしぼることができます。

①土砂災害警戒区域に指定されている
②土砂災害特別警戒区域に指定されている
③海が近く、高低差が小さい

1年間の火災保険料・地震保険料の目安

（木造の在来工法建物で一般的な構造等級のもの）

火災保険の補償額1500万円（約33坪の建物での低め補償額）
地震保険の限度額は火災保険の半分なので750万円

・北海道	1万6000〜2万3000円
＋地震保険で	1万9000〜3万円
・宮城県	1万6000〜2万3000円
＋地震保険で	2万7000〜3万5000円
・東京都	1万6000〜2万4000円
＋地震保険で	3万8000〜4万7000円
・愛知県	1万6000〜2万3000円
＋地震保険で	1万9000〜2万8000円
・大阪府	1万7000〜2万5000円
＋地震保険で	3万4000〜4万2000円
・広島県	1万8000〜2万7000円
＋地震保険で	2万6000〜3万4000円
・福岡県	3万〜4万7000円
＋地震保険で	3万9000〜5万5000円
・沖縄県	3万8000〜5万8000円
＋地震保険で	4万9000〜7万円

④盛土・切土によって造成された土地である
⑤過去に大きな地震や河川の氾濫・津波に見舞われた場所である
⑥活断層の上（若しくは、数キロメートル以内）である

相続した住宅がこれらに該当していて、建物の利用・売却を考えているなら、地震保険は入った方が得かもしれません。悩んだら加入した方がいいでしょう。ちなみに、活断層の場所は国土交通省の機関である国土地理院のホームページで簡単に調べることができますので、ぜひ見てみてください。

火災保険や地震保険は、基本的に万一のためのものです。必要とも不要とも言い切れませんが、加入を続けていたらどのくらいのお金がかかるのか、また、加入をやめた場合のデメリットは何かを考えて、自分で納得できる方法を探してください。

第3章

空き家を長持ちさせる維持管理法

それでは、本章からは相続後の具体的な対策について紹介していきます。

本章で扱うのは、空き家の維持管理法です。実家を手放すのは忍びないという方はもちろん、売買や賃貸を考えている方にも、知っておいていただきたい内容です。

売却するにしろ賃貸にするにしろ、買い手や借り手が見つかるまでは、建物の状態が悪くならないように管理をしなければなりません。管理を怠ってしまうと、特定空き家の指定基準にひっかかり、余計な税金や大きくなった修繕費などの負担を被る可能性もあるので、面倒でも対策は必要です。

28ページでも触れたとおり、特定空き家の指定対象については、ガイドラインによって細かく決められているので、その内容を知れば対策は可能です。逆に言うと、定期的に空き家を修繕していても、特定の箇所に修繕がされていなかった場合、特定空き家に指定される可能性があるわけですから、ガイドラインのポイントを押さえることは重要です。

ではさっそく、どのように管理すれば問題にならないのか、対策を考えていきましょう。

○かんたんにできる維持管理

まずは、基本的な維持管理法から紹介します。

住宅を長持ちさせるためのもっとも基本的な対策は、**換気**です。窓を閉め切ったままにしておくと空気が滞りますし、昼夜の温度差によって部屋の一部に湿気が多くなって、カビが発生する恐れがあります。そうなると、カビをエサとして食べる小さなムシやダニの繁殖にもつながりますので、空気の入れ替えには注意しましょう。

すでにカビ臭がする場合は、扇風機で強制的に風を送って乾燥させましょう。湿度を好む害虫の繁殖力を大きく低下させ、風の力で殺すこともできます。

ダニ対策として専用の掃除機を利用されている方もいるかもしれませんが、ダニ用掃除機や布団用掃除機の大部分は、ダニの死骸しか吸い込めません。生きたダニを殺す効果はありませんので、過度に期待せずに空気の入れ替えなどをして湿気対策に臨みましょう。

次に、上下水道管の維持管理法を見ていきましょう。水道を止めているから大丈夫だと思っている方もいるかもしれませんが、**補水をしなければ水道管は悪臭の元になってしまいます**。トラブルを回避するためにも、初夏と秋期に排水口へ補水をしましょう。

補水方法は、トイレならコップ2杯くらい、キッチンや洗面化粧台、浴槽、手洗いなどは、コップ1杯位の水を排水管に流せば、悪臭が出てくる可能性は低くなります。空き家へ入るときに、ペットボトルに水を入れて持っていくだけでできる簡単な対策です。洗濯機の排水口にも忘れずに補水しておけば、下水管からの悪臭や害虫の発生・侵入を防ぐことができます。

もし、ご自宅と空き家までの距離が離れている場合は、**空き家管理業者**を利用しましょう。一回3000~6000円程度で窓開けの換気、補水などを依頼できるので、家に業者を入れることに抵抗がなければ、検討してみてはいかがでしょうか。

○自治体から指導・勧告、命令を受ける基準

維持管理の基本をご覧いただいたところで、今度は空き家対策法の施行によって明らかになった注意すべき点を紹介します。

2015年5月26日に空き家対策法が全面施行されたのに伴い、国土交通省から市町村へガイドラインが出されました。空き家の除去・修繕などに関して市町村が指導や勧告、

命令を行える基準となるものです。主なポイントを順番に整理しますので、ご自身の状況に合わせて考えてみてください。

①保安上危険な場合
……建物や柱の傾斜や、バルコニーの脱落、土台にシロアリの害がある等
②衛生上有害となる恐れのある場合
……害虫・害獣が発生して地域住民の生活に影響を及ぼす等
③景観を損なっている場合
……窓ガラスが割れていたり、樹木が道路に伸びている等
④周辺の生活環境の保全を図るために放置することが不適切である場合
……門扉が施錠されておらず不特定の者が容易に侵入できる等

そして、これらによらない場合も適切に判断するとされていますが、まずは①〜④の基準について、内容の確認と覚えておくと便利な対策について紹介します。

ガイドラインに記載された空き家の判断基準①

①そのまま放置すれば
倒壊等著しく保安上危険となるおそれのある状態

1.建築物が著しく保安上危険となるおそれがある。
(1)建築物が倒壊等するおそれがある。
(2)屋根、外壁等が脱落、飛散等するおそれがある。
2.擁壁が老朽化し危険となるおそれがある。

②そのまま放置すれば
著しく衛生上有害となるおそれのある状態

(1)建築物又は設備等の破損等が原因で、以下の状態にある。
・吹付け石綿等が飛散し暴露する可能性が高い状況である。
・浄化槽等の放置、破損等による汚物の流出、臭気の発生があり、地域住民の日常生活に支障を及ぼしている。
・排水等の流出による臭気の発生があり、地域住民の日常生活に支障を及ぼしている。

(2)ごみ等の放置、不法投棄が原因で、以下の状態にある。
・ごみ等の放置、不法投棄による臭気の発生があり、地域住民の日常生活に支障を及ぼしている。
・ごみ等の放置、不法投棄により、多数のねずみ、はえ、蚊等が発生し、地域住民の日常生活に支障を及ぼしている。

③適切な管理が行われていないことにより
著しく景観を損なっている状態

(1)適切な管理が行われていない結果、既存の景観に関するルールに著しく適合しない状態となっている。

(2)その他、以下のような状態にあり、周囲の景観と著しく不調和な状態である。
・屋根、外壁等が、汚物や落書き等で外見上大きく傷んだり汚れたまま放置されている。
・多数の窓ガラスが割れたまま放置されている。(左ページへ)

ガイドラインに記載された空き家の判断基準②

（右ページ続き）
・看板が原型を留めず本来の用をなさない程度まで、破損、汚損したまま放置されている。
・立木等が建築物の全面を覆う程度まで繁茂している。
・敷地内にごみ等が散乱、山積したまま放置されている。

④その他周辺の生活環境の保全を図るために放置することが不適切である状態

(1) 立木が原因で、以下の状態にある。
・立木の腐朽、倒壊、枝折れ等が生じ、近隣の道路や家屋の敷地等に枝等が大量に散らばっている。
・立木の枝等が近隣の道路等にはみ出し、歩行者等の通行を妨げている。
(2) 空家等に住みついた動物等が原因で、以下の状態にある。
・動物の鳴き声その他の音が頻繁に発生し、地域住民の日常生活に支障を及ぼしている。
・動物のふん尿その他の汚物の放置により臭気が発生し、地域住民の日常生活に支障を及ぼしている。
・敷地外に動物の毛又は羽毛が大量に飛散し、地域住民の日常生活に支障を及ぼしている。
・多数のねずみ、はえ、蚊、のみ等が発生し、地域住民の日常生活に支障を及ぼしている。
・住みついた動物が周辺の土地・家屋に侵入し、地域住民の生活環境に悪影響を及ぼすおそれがある。
・シロアリが大量に発生し、近隣の家屋に飛来し、地域住民の生活環境に悪影響を及ぼすおそれがある。
(3) 建築物等の不適切な管理等が原因で、以下の状態にある。
・門扉が施錠されていない、窓ガラスが割れている等不特定の者が容易に侵入できる状態で放置されている。
・屋根の雪止めの破損など不適切な管理により、空き家からの落雪が発生し、歩行者等の通行を妨げている。
・周辺の道路、家屋の敷地等に土砂等が大量に流出している。

①保安上危険な場合の確認事項と対策

まずは、「保安上危険な場合」から見ていきます。建物の傾斜とは具体的にどの程度の傾きなのでしょうか。ガイドラインによると、高さに対して**概ね20分の1の傾き**とされています。一階の天井から地面までの高さが約3メートルであれば、15センチメートルの傾きがあれば危険とみなす、ということですね。はっきり言って、普通に住んでいるだけならここまで家は傾きませんので、ずっと放置されて損壊が著しかったり、欠陥住宅であったりする場合を除いて問題はないでしょう。

バルコニーや屋根、外壁の脱落に関しても、基本的に風雨・風雪の時期に目視で確認するだけで充分です。自治体も、危険かどうかの判断は目視で行うので、バルコニーが錆で真茶色になっていたり、屋根がはがれていたりといった、明らかに危ない状態でないかを確認する程度で問題ないでしょう。最低でも**一年に一度の目視確認**をすれば大丈夫です。

ただ、この基準の趣旨を考えると、指定対象になるのは倒壊の危険がある建物だけでなく、テレビアンテナや瓦、雨樋、屋根、外壁等が強風によって飛びそうな状態の住宅も、含まれる可能性がありますので、これらもあわせて目視で確認しておきましょう。

①で一番危険な項目はシロアリの害です。素人が見ても判断ができません。市町村の担当者も判断は難しい項目なので、今すぐ特定空き家に指定される可能性は低いのですが、気付いた時には手遅れになっている可能性が高い部分です。空き家をお持ちの方は、手遅れになる前に、なるべく早めに業者へ点検を依頼することをおすすめします。

シロアリの害で特に危ないのは、**くぼ地や水田の跡地に建っている家**です。湿度が高いためシロアリの生態に適しており、さらに築年数の経過している住宅の床下は自然換気が不十分なので土台の柱が軟らかくなり、シロアリが生育しやすくなっているケースが多くあります。

たとえ床下全体をコンクリートで覆うベタ基礎の施工をしていたとしても、実際には湿度が上がるまでの時間がかかるだけで、高くなった湿度が下がる効果は大きくないので、注意が必要です。

また、一度防蟻処理をした住宅であっても、安心してはいけません。**保証期間は5年程度**です。人間へ害を及ぼさないよう、10年保証の薬剤は使えなくなっているので、7～8年に一度は点検が必要です。

ちなみに、防蟻処理の会社の選び方としては、無料点検のチェーン店よりも小さな会社で点検費用が明確な会社（5000〜8000円程度）の方が比較的親切と言われています。保証の有無や、調べた床面積に対する価格を聞いた方が安くなることが多いので、点検費が無料の会社、有料の会社の両方を含む数社へ見積り依頼をしてみてはいかがでしょうか。

②衛生上有害となる恐れのある場合の確認事項と対策

空き家は、生ゴミはもちろん、果樹や葉が落ちているだけで野良犬や野良猫などの害獣が住みやすい環境に変化します。害獣が雨風を避けるために住みつくと、糞尿が自然に増えてハエや蚊の住処になり、雨風を避けることのできる樹木や軒下は、ハチの巣に適した場所となってしまいます。

これらの問題は、人が住んでいれば比較的早期に対処できることなのですが、空き家になっていて気づくのが遅くなった場合、大きな金額を費やさないと修繕（回復）は難しいでしょう。空き家を所有している方は、家の点検だけでなく、庭の手入れや害獣の侵入経路をふさぐことにも取り組みましょう。

では、どのくらいの頻度で行えばいいかというと、**樹木の手入れは一年に一度、害獣やハエ・蚊・蜂・雑草等については、できれば季節ごとに一度巡回することが望ましい**ところです。

ただ、遠方に空き家を所有している方や長期入院されている場合には、大きな負担になる対策です。この場合、最も簡単で効果的なのは、**空き家管理業者や、空き家巡回業者を利用する**ことです。距離にもよりますが、安い業者ですと1回3000〜6000円程度の料金で換気や通水、玄関の清掃、郵便物のチェック等を依頼できます。

空き家に向かうまでの交通費よりも安くすむ場合もありますので、地元の業者を調べてみてはいかがでしょうか。

③景観を損なっている場合の確認事項と対策

住んでいない家の窓ガラスが割れたところで、持主はまず気づけませんので、定期的に点検するしかないでしょう。樹木の枝に関しては、ある程度成長のスピードは予想がつきますので、一年に一度巡回する程度で充分です。この場合も、地元の管理や巡回業者を利用して年に数回の巡回を頼むと比較的安価に管理することができます。

④周辺の生活環境の保全を図るために放置することが不適切である場合

ガイドラインでは、門扉が施錠されているかを基準にしています。空き家所有者全員に当てはまる項目ではありませんが、門扉がある空き家を所有している方は、これまで見てきた対策と同じく、定期的な点検をすることが何よりも重要です。ポイントとしては、敷地内に侵入跡があるか調べたり、ゴミ等が放置されていないかを確認したりすることで、侵入者の有無はわかるはずです。

これまで見てきた点を簡単にまとめると、②③④の基準は、数カ月空き家にしているだけで適用される可能性があり、所有者にとっても危険な基準となっていますので、注意が必要です。空き家がご自宅の近くにあれば、チェックすること自体はそれほど難しくはありませんが、時間がとれなかったり、遠方にお住まいの方は、空き家管理業者や空き家巡回業者を利用すると、リスクを減らすことが可能です。その場合は、大手チェーン店だけに頼むのではなく、地元の業者数社に見積りを依頼することをおすすめします。

○今後危ない住宅はこんな住宅

これまでご覧いただいたとおり、国土交通省のガイドラインは細かい事例まで想定して書かれているので、それに応じて対策を立てることができます。

その一方で、法の条文には「その他の場合も適切に対応する」という記述があるため、地域住民の陳情などがあった場合も、範囲を広げて立ち入り調査をされる可能性がありそうです。

陳情を受ける家とは、言うまでもなく、外から劣化が見えるものです。そこでここでは、今後特定空き家に指定される危険性のある劣化具合を、危険度Ａ～Ｃの基準でまとめました。

危険度Ａは、30～50坪の住宅で修繕費が１００万円を超える可能性があったり、解体費を大きく超える修繕費が予想されるリスクで、すぐに対策が必要な場合です。

危険度Bは、50万~100万円の修繕費が予想されるリスクです。

危険度Cは、修繕費用が50万円以下で、いますぐ修繕の必要がないリスクとしています。

これらに該当する住宅は、トラブルになる前に点検して予防措置をとっておきましょう。

8年以上屋根を塗っていない（危険度A）

まずは「屋根」からです。住宅用の屋根に使われる素材は、主にトタン、ガルバリウム、セメント瓦、日本瓦があります。

一番加工しやすく安価なのはトタン屋根ですが、その分耐久性は他の素材に劣ります。降雨や降雪の激しくない一般的な地域でも、トタン屋根は手入れをしないと20~25年程度で寿命を迎えます。寿命を迎えてからだと費用もかさみますので、数年に一度は塗装をしましょう。具体的には、**一度目は約10年、二度目以降は7~8年**で手入れをすれば大丈夫です。

ガルバリウム材は寿命が約50年、セメント瓦は30~40年、日本瓦は50年以上が寿命の目安とされており、長期的に使用することができますが、油断は禁物です。たとえ錆がなくとも、手入れを怠ると隙間からの浸水によって天井や壁の中へ水が入ってしまい、取り返しのつかない状態になることもあるので、注意が必要です。

では、劣化を防ぐためにはどのように点検すればいいのでしょうか？　方法は、**目視と屋根を触る**という2種類の方法があります。

目視の場合は、まず、上から壊れていないかを確認すること。そして見落としがちなのが、屋根の端（雨樋付近）を確認することです。ここを横から見て、錆びている部分があれば塗装してください。

触る方法では、屋根を直接指で触ってザラザラしだしたら塗装を考えなくてはなりません。塗装直後の触り心地は、自動車の車体と似ているので、車をお持ちの方は、「自動車と比べてザラザラしているか」を判断の基準とするとわかりやすいでしょう。

塗装費は66平方メートル、つまり約20坪の場合、9万～20万円ですが、屋根の傾斜角や足場が必要であればさらに10万～30万円が程度です。ちなみに、アクリルやウレタンの塗料は安価ですが耐用年数が短く、シリコンやフッ素塗料は耐用年数がやや長いという特徴があります。ただ、現実的には塗装費の大部分が作業費なので、塗装費の比率でいうと、**シリコン塗料のコストパフォーマンスが最も良好**です。

所有地（の端）に樹木がある、雑草が多く生えている（危険度B）

樹木の枝が道路や隣地に伸びると枝切りの義務が生じます。低い木であれば維持管理の費用も低いのですが、梯子が届かなくなる程高くなると急激に費用も大きくなります。問題は、敷地外に影響が出る場合や雑草が多いと陳情リスクが高くなることですが、これも空き家管理業者を雇えば回避できます。

アンテナや雨樋が弱っている（危険度B）

これも比較的費用を抑えて改善できる部分ですが、通行人に危険が及ぶ可能性があると判断されると、特定空き家に指定される可能性があります。簡易な修理や撤去を至急おこないましょう。

陸屋根を放置している（危険度Ａ）

陸屋根とは、マンションや鉄骨住宅でみられる平らな屋根で、一般住宅でも屋上などで使われています。

陸屋根は手入れをしないと約13年で寿命を迎えます。普通の屋根と比べると寿命が短いですね。その理由は、勾配のない平らな屋根は雨水が留まる時間が長い分、劣化が始まると雨水の影響をもろに受けてしまうからです。修繕費が大きくなるので、非常に危険な個所です。

ですが、対策は簡単で、**降雨期の点検で防げます**。プロに頼んでも基本的に目視点検なので、自分で水たまりがないかを見て、ゴミが溜まりやすい排水溝まわりなどを掃除しましょう。定期的な点検と清掃をしていれば寿命を延ばせます。

防水処理の維持費用は、約10年目から５年ごとの点検補修で５万～20万円程度、再塗装費用は55平方メートルで30万～45万円です。

20～30年で寿命になる（比較的安価な）塩ビシート張り替え費用は、90万～１５０万円が必要になります。

基礎のコンクリートが割れている（危険度C）

コンクリートの表面にヒビが入っていて不安だという声をよく聞きます。しかし、コンクリートは乾燥するとヒビが発生しますので、築後10年程度なら、住宅の基礎にヒビが入るのはよくあることです。

危ないかどうか判断する目安としては、**幅0・3ミリ以下で深さ4ミリ以下のヒビ（ヘアークラックとも呼びます）**であれば、大きな心配はいらないでしょう。

基礎コンクリートの寿命は50～60年とされており、中の鉄筋が錆び始めると強度が下がりますが、1ミリ程度の隙間があっても地盤の不同沈下がなければ住宅が傾く危険性は低いと言われています。ただ、大きな地震が続いたり、地盤が弱かったりといった事態が重なると建物が部分的に崩壊する危険もあるので、ヒビが大きく埋立地など地盤も弱い地域であれば、業者に点検してもらった方がいいかもしれません。

もう一つ注意すべきなのは、換気口の下方両側に**45度のひび**がある場合です。この部分にヒビが入っていると、強度不足の可能性があります。同様に、**建物のコーナー部に垂直のひびがある場合**は、建物の強度不足や地盤の不同沈下の可能性があるので、早急に業者に点検を依頼しましょう。

また、以上の点に問題がなくても、**寒冷地**の場合は注意が必要です。小さなヒビであっても、冬期に水が入って凍ると、ヒビが大きくなってしまいます。こうしたリスクを減らすためには、コーキングをしておくのが一番です。補修材の値段は3000～5000円ほどで、1時間程度あれば誰でも簡単に補修できるので、本格的な冬を迎える前に対策をとった方がいいでしょう。

床が大きく軋む、建物が傾いている（危険度A～C）

床が軋《きし》んでいたり、建物が傾いていたりすると、元々の強度不足や、シロアリ、地盤の不同沈下などによって建物全体が歪んでいる可能性があります。一度歪んでしまった建物を元通りにするのは困難ですので、対策をしても費用の割に効果は小さくなりがちです。

とはいえ、82ページでご説明したとおり、普通に暮らしている分には、建物の傾きは問題になりません。引き戸や襖の一部が開け閉めしにくくなったという場合でも、原因は木材の乾燥による反りで、建物全体の歪みにまでいたらないというケースが多くあります。

危険だと判断されるような建物の歪みは、大抵、**手抜き工事**が原因です。こうした住宅は床以外にも耐久性が低い部分がある可能性が高く、補修よりも建て替えの方が安上がりになるケースも少なくありません。

もちろん、一般的な住宅でも、耐用年数と費用を考えると建て替えや住み替えの方が安くなるケースもあります。大きな軋みや傾きは空き家対策法の調査対象になっているだけでなく、小規模な歪みでもガラスが割れると調査対象になるので、他の点検と合わせて一度は点検をしておくべきでしょう。

半年以上通水してない（危険度B）

流れていない水が腐るのは、誰でも知っていると思います。水が腐ると水道管も腐ってしまうので、築年数の経過している住宅では大きなトラブルになる場合があります。

地域性もありますが、基本的に日本の水は軟水と呼ばれる水で、ミネラル分が多い欧州の水と異なり水道管に錆が発生しやすいという特徴があります。そのため、耐用年数を超えた状態で水が流れていないと、数カ月で漏水することもあります。

仮に配管に問題があった場合、目視できる場所は1～5万円程度で修復が可能ですが、床下や地中の配管の水漏れ、2階の配管漏れになると15万～100万円オーバーの補修費が必要になる場合もあるので、定期的な通水をして配管の劣化を防ぎましょう。

1年以上住んでいない（危険度C）

人が住んでいない家は劣化が早いとよく言われます。特に、ボイラーを使わずに故障させると、灯油や水を利用する設備全てに影響を与えます。暖房機器・お風呂・トイレ・浄化槽・排水管などは、灯油や水が入ったままにしておくと腐り始めるため、何もしなければ配管の破損にまでいたってしまう危険性があるのです。

特に危ないのは、**ヒートポンプ式給湯器**です。熱効率の高い給湯器ですが、留守中に凍結して破裂する例が少なくないのです。タンクが破裂すると20万～60万円と高額の修復費が必要になるので、留守にする場合は水抜きをしましょう（配水に数時間かかる機種もあるので、自分でやる場合は、事前に確認してから作業にあたることをおすすめします）。

○維持管理・賃貸・売買の手続きをするのはこんな人たち

適切な維持・管理は費用が安くなるものです。上手に業者を利用することこそ、賢い管理の第一歩と言っても過言ではないでしょう。そこでここでは、維持管理や売買の仲介を行う業者の種類と特徴を紹介します（紹介済みの一部業者は省略してあります）。売買で必要な書類の準備や、相続でどのような手続きが必要かを教えてくれる人たちですので、困ったときは相談してみましょう。

シルバー人材センター

空き家の管理と聞くと民間企業を最初に思い浮かべる方もいると思いますが、より身近で信頼できるのは、高齢者を派遣するシルバー人材センターです。行政の関与もあり、比較的安価で日常的な業務を依頼できる点が強みです。

除草や大規模なハウスクリーニングなど、体力が必要な業務に関しては、年齢のせいもあって不得手な人もいますが、点検のような簡単な管理や襖の張替えなどの技術的な作業

修繕費の目安と負担の有無

●雨漏りなどの修繕	10万程度～100万円
●屋根塗装等の維持・管理費	20万～100万円以上
●白蟻の害など床下の修繕	点検費0～3万円 修繕不可能な場合もあり
●ボイラー等の給湯設備の修繕・交換費	ガスで3万～35万円 電気で3万～90万円
●給排水管の修繕	耐用年数超えによる全面入れ替えは100万円以上 一部修繕で数万円
●備え付けの冷暖房機器の修繕等	3万～30万円以上／台
△エアコンなどの冷暖房設備	1万～25万円／台
△畳の表替え　自然損耗	4000～1万5000円／枚
△クロス張り替え・補修	平米あたり1000～1600円

●は、基本的に貸主負担
△は居住年数や状況、契約内容により負担（代表的な部分のみ）
電球や水道のパッキンなどの簡易な修繕補修は借主の負担となることが多い
※水害やシロアリ等によって建物が崩壊に至った場合は、貸主は修繕ではなく賃貸借契約を終了することができる

であれば、十分でしょう。

植木屋

庭の維持管理で頼ることになる業者です。職人さんという感じの人が多いのですが、高額な作業費を請求する業者も少なくないようです。というのも、庭木の手入れが定期的に必要な裕福な層を相手に仕事をしているので、作業費は高額になることが多いのです。

見積りを取る時は、作業内容と価格の取決めを明確にすることが大切です。これも離れた数社の見積りによって、半額程度になることもあります。

空き家管理業者・巡回業者

「空き家管理の専門家」というと聞こえがいいのですが、実態としては近年手探りで始めた業者が大部分です。何でも屋、運送業者、不動産業者、建築業者などが始めています。

大まかに、管理で利益を出そうとしている業者と、管理から修繕、売却に移行したときに利益を出そうとしている業者に分けられます。

参入している業者が多様である分、料金も月に１０００～1万円と大きく異なります。役立つ業者を見分けるポイントとしては、電話などで空き家管理の目的を熟知している業者かどうかを探ってみてから依頼することです。

不動産業者

続いて、売買、賃貸契約の成立に欠かせない不動産業者について紹介します。業者の種類は、賃貸の仲介（紹介や契約書作成など）を主としている業者、売買の仲介を主としている業者、買取りを主としている業者の３つに分類できます。

仲介料は国土交通省によって上限が決められているので基本的に同じですが（１００ページ図を参照）、売主側にたって良い条件で売ったり貸したりする業者（担当者）もあれば、成約のために売却価格の値引き等を積極的に迫る業者もあります。

不動産仲介会社の営業マンで危ないのは、仕事ができすぎる営業マンです。仕事ができるなら問題ないじゃないかと思われるかもしれませんが、その行動が必ずしもあなたの利益につながるとは限りません。

不動産仲介手数料

・宅地建物取引業法第46条に基づき不動産業者が受け取ることのできる報酬の上限

200万円以下の金額	5.4%
200万円を超え400万円以下の金額	4.32%
400万円を超える金額	3.24%

これらを別の計算であらわすと

売買価格の3%+6万円(+消費税)となる

というのも、会社組織に雇用されている担当者は、毎月のノルマが決められています。そのため、仕事ができる営業マンの中には、1件の売却金額を高くするよりも、契約数を増やそうとして売却価格を低くしようとする人も少なからずいます。担当者から売却価格を聞いて「話と違う」と揉めるのはこのためです。

4章の売却の手続きの項目でも触れますが、トラブルを回避するためには、3社程度に売却査定を依頼し、住宅の資産価値をきちんと把握した上で、売却時に揉めないように価格の下限などの打ち合わせをして、依頼先を決めるといいでしょう。

空き家相談窓口

空き家に関する悩みがあったら、まずは空き家相談窓口に行ってみると、今後の対応についてアドバイスをくれるはずです。多くの都道府県、市町村に相談窓口が開設されており、無料で空き家の相談をすることができます。

答えてくれる内容は、地域全体の状況や、利活用の種類全般がメインです。売却計画や賃貸の方法など、具体的な対策は不動産業者や税理士など専門知識を持っている人たちに頼ったほうがいいと思いますが、前知識が不足して不安だという方は相談してみるのもいいと思います。

○住宅の設計図面をお持ちですか？

皆さんは住宅の設計図面をお持ちでしょうか？　もしも、今所有している住宅の設計図面がない場合は、すぐに建設会社からもらっておくことをおすすめします。必ず用意しなければいけないわけではありませんが、売却や賃貸の際、不動産会社との契約で、住宅の境界や規模などを説明するのに役に立ちます。

設計図面は設計費を払っている建築主のものです。遠慮なくもらいましょう。なぜそんなことを言うのかというと、住宅を建てた会社が廃業して、工務店にあるはずの設計図面が処分されてしまった、というケースをよく耳にするからです。建築会社の一方的な都合で勝手に処分され、二度と入手することができなくなっては取り返しがつきません。

建築時期によって異なりますが、配置図・各階平面図・立面図の他に、基礎伏図、軸組図、耐力壁の配置、施工図などがあるはずです。これらがあるとこれまで紹介した修繕が必要なときに便利ですので、年数の経過している住宅なら、なるべく早く建築主所有の設計図面を取得しておきましょう。

第4章

戸建空き家を賢く活用する方法

本章からは、戸建空き家の活用術を紹介します。

まずは、一戸建ての空き家で賃貸に活用できる例を紹介しましょう。特定空き家の対象は「一年以上の空き家」とされているので、極端な話、無償で貸してもメリットになる場合があります。

とはいえ、水を差すようですが、一部の限られたエリアを除いて、**大きな初期費用（投資）が必要な場合は、賃貸住宅によって資産活用するのは難しい**のが現状です。1章で説明したとおり、空き家の数は増え続け、購入人口も減少しているのに、新築の数は増え続けているからです。よほどの好立地でなければ、新築したり、多額をかけてリノベーションしたりするのは自殺行為といえるでしょう。

○戸建空き家を賃貸に活用する３つの方法

では、どうすれば戸建空き家を賃貸住宅として活用できるのでしょうか？

基本的には、**賃料を低くする**ことが重要です。リフォームにお金をかけて高い賃料を設定しても、毎年建設される新築には敵いませんし、そもそも需要が縮小しているので、借り手が見つからず費用を回収することは難しいでしょう。

ただ、やっかいなことに、安くしすぎてもよくないのです。一般的には賃料の高い住宅は家賃の滞納が少なく、逆に安い賃料の住宅は家賃の滞納率が高いので、安くしすぎると、家賃収入を確保するのが難しくなってしまいます。

そのため賃貸として活用するには、どういった人に向けてなら貸せるのか、ニーズを考えて貸し出すのが一番です。以下に該当する住宅であれば賃料を低くしても利益が出る可能性があるので、戸建を賃貸に活用したいと思っている方は、お持ちの空き家の状態と比べてみてください。

①初期投資が少なく、維持管理費や税額の少ない住宅

直前まで人が住んでいて、壁紙の張り替えやハウスクリーニング程度で貸せる住宅であれば、初期投資が少なくローリスクなので、ある程度低い賃料で貸しても利益を出すことができます。相場は不動産業者に聞けばわかるので、数社に話を聞いてから賃料をどのくらいにすべきか考えてみましょう。

②多少の傷みがある場合は家族向け住宅にして貸し出す

建物の状態が良くなくても、家族向けに低賃料の賃貸住宅として売り出せば、需要は十分あります。家を買うまでのつなぎを探している家庭であれば、住宅資金を蓄えるために節約していることが多いので、多少の傷みがあっても、家族で暮らせる低賃料の住宅は喜ばれるでしょう。

特に地方の場合は、賃貸用に建てられた住宅は面積が狭く、家族で住むには適していないものが少なくないので、利用者を継続して探すこともできるでしょう。

③ペット可にして貸す

①②にもあてはまらないし、建物の耐用年数が過ぎているという場合でも、ペット可にする方法という方法が残っています。建物の状態が良くなくても、ペットと共に住める戸建の賃貸住宅は少ないので、需要はあると思います。

また、同条件の安い賃貸住宅は珍しいので、借主が長期間居住することが多く、新たな借主を募集したときも、早期に見つかりやすいというメリットがあります。

一方、大きなデメリットもあります。お気づきの方もいるとは思いますが、ペットが住む住宅は、劣化が進みやすいのです。

壁紙やフローリング、畳など、床に糞尿の臭いやシミがうつったり、壁や柱、階段などに爪のひっかきキズがついたり、ケージを置いて床や壁に大きなキズが残ったりと、揉めそうなケースは少なくありませんし、借主が負担する修繕費も法的には最小限となっています。

ペットがきちんとしつけられていたり、おとなしかったりすれば別ですが、貸主がそこまで知るのは不可能なので、ある程度はリスクを覚悟しなければなりません。一度ペットと住める住宅として貸した場合は、人間だけが住む住宅として貸すときにはトラブルとなったり、値段がつかなくなったりするので、この方法をとる場合は、最終手段だと考えた方がいいでしょう（5章でも、167ページからペット利用に適した住宅を紹介していますので、気になる方は、そちらも参考にしていただければと思います）。

○賃貸利用で注意しておきたいリフォーム費用

空き家を賃貸や売却で活用するには、程度の差こそあれ、多少のリフォーム（ハウスクリーニングなども含む）が必要です。

しかし、不動産業者や建築業者から「貸すために○万円のリフォームが必要だ」と言われても簡単に信用してはいけません。すぐに決断を下さずに、一度立ち止まって利益が本当に出るのかを考えてみてください。

よくあるトラブルが、業者が小規模なリフォームを繰り返して費用を請求し続けるケースです。

具体的には、伝えた予算内ですべてを修繕するのではなく、予算分の修繕だけをして「今回はここまで、何かあったら次回直しましょう」と、小さい修繕を繰り返し、気づけば高額のリフォーム代を払っていたというケースです。

利用者がこうした事態に陥るのは、「一度払った修繕費用を無駄にしたくない」という心理がはたらくからでしょう。

リフォーム費用

・屋根の塗装補修	60万〜300万円
・畳の表替え（畳の上側はり替え）	4000〜1万5000円
・襖の張り替え	6000〜1万8000円
・壁のクロス張り替え	50万〜300万円
・トイレ改修	30万〜80万円
・洗面化粧台交換	10万〜35万円
・お風呂の改修（ユニットバス化）	50万〜180万円
・手摺り工事	6万〜30万円
・バリアフリー工事	30万〜250万円
・高断熱ガラスの交換（全体）	150万〜250万円（戸建住宅）
・ボイラー交換	25万〜80万円
・ボイラー交換（ガラス）	1万〜15万円
＋電気の容量が小さいと電線の引き込み	15万円〜
＋蛇口の追加で水道管引込が必要だと	30万円〜

失敗しない方法は簡単です。フルリフォームの見積りを最初にとればいいのです。建物全体のリフォームでいくらかかるのかを聞いて書面に明記しておけば、トラブルを防げるでしょう。

リフォームをすべきか判断する目安の金額ですが、**3〜5カ月分の賃料**であれば、一度の賃貸契約でも回収できる可能性が高いので検討の価値はあります。それ以上であればリフォーム損になるリスクがあるので断りましょう（上図に主なリフォーム代をまとめたので、短期の賃貸収入で回収できるかどうか、見比べてみてください）。

それでも、どうしてもリフォーム費用が

必要な場合は、不動産業者や建築業者と**賃料でリフォーム費用を相殺する契約**を結びましょう。賃料で相殺する、つまり、賃料収入が入ってからリフォーム費用を支払う取り決めです。これなら、リスクを抑えることができますし、建築業者も積極的に賃貸を勧めてくれるので、費用の回収も見込めるでしょう。

○借り手が見つからなかったときは業者に貸す

なかなか借り手が見つからずに困っている、という方は、売却を検討するのも一つの手です。ただ、手続きが面倒だったり、費用が厳しかったりで貸すほうがいいというのでしたら、業者へ貸すことを検討してみてはいかがでしょうか。

実は、空き家を常に探している業者があります。工務店が**建て替え住宅用の仮住まい**として、安価な戸建住宅を求めているのです。

2世帯家族が住宅の建て替えのために4～6カ月居住するには、どうしても大きな住宅が必要になりますが、一般的な賃貸住宅の場合、広くても3部屋程度しかありません。

そうした家庭向けの住宅であれば、必ずというわけではありませんが、業者が年間契約で借り受けてくれる場合があります。

人口の流出が激しい地域は難しいかもしれませんが、地元資本の建築業者なら社長さんの考え一つで借りてもらえることがありますので、工務店へ一声かけてみてはいかがでしょうか。

○賃貸にかかる税金を減らす方法

無事に住宅を貸すことができれば、賃料を得ることができます。しかし、この賃料は不動産所得として課税される収入となり、金額全てを申告すると、申告分全てに課税されてしまいます。修繕費用（積立金）等は控除して申告できますので、必ず利用しましょう。

積立金を用意していない、もしくは面倒だと思う方もいるかもしれませんが、不動産の賃貸経営には急な出費がつきものです。貸主には、税金の他にも建物の自然損耗や天災に対する修繕義務がありますので、放置していると行政側から注意を受けるかもしれません。壊れてから修繕するのではなく、数年単位で維持管理に時間とお金をさくことが一番のリスク回避法です（維持管理方法については3章をご覧ください）。

修繕費を控除したら、次に賃料収入を得る人（所有者）を家族の中で収入の少ない人にして申請しましょう。こうすると所得税が非課税になったり、税額を低く抑えられる可能性があります。家族の構成や利用できる控除によって左右されるので、どの程度税額が抑えられるか、誰にすべきか知るには不動産業者や税理士に相談する必要がありますが、世帯主の収入に含めるよりは安くなる可能性が高いと思います。

○売却手順

さて、先に賃貸住宅を活用できるケースを紹介しましたが、**最もリスクが少ないのは売却か処分**をすることです。そこでここでは、売却を決めてから取引成立までの流れをまとめました。

①売り出し価格の決定
②依頼先を決めて販売
③売買価格・引き渡し価格の決定
④売買契約成立・引き渡しの準備
⑤代金の受領・引き渡し

これらの流れに沿って売却手続きは進んでいきます。

できるだけ高く売りたいと思うのは誰もが同じはずです。そこでここからは、売却のために知っておくと損をしない知識を紹介します。売却価格の決め方や不動産業者の選び方、契約の結び方など、失敗しない売却情報をまとめました。順に見ていきましょう。

○売却価格の調べ方

まずは、売ろうと思っている住宅にどのぐらいの価格がつくかを調べましょう。

価格を調べる方法は二つあります。**近隣の売買事例を調べる**方法と、**不動産会社に査定を依頼する**方法です。

バブル期前後までは、売買価格は路線価の約1・25倍、固定資産税評価額の約1・4倍位で売れると言われていましたが、近年は評価額と相場の関連性は薄れており、評価額の半分以下でも売れないケースも耳にします。

そこで近年は、近隣の売買事例が注目されるようになりました。すでに取引された価格なので客観性がありますし、参考になる数も多く所持している住宅と比べやすいため、大変便利です。住宅の規模によって多少は変化するものの、立地条件については似ている場合が多いので、目安をつけることはできるでしょう。

売買事例を探すには、国土交通省の「土地総合情報システム」ウェブサイト上にある**「不動産取引価格情報検索」**ページが役に立ちます（http://www.land.mlit.go.jp/webland/servlet/MainServlet）。

日本全国で実際に行われた不動産の取引価格を、住所、駅からの距離、取引価格、面積、㎡単価、形状、道路幅員、取引時期などの項目で知ることができます。取引のない地域も

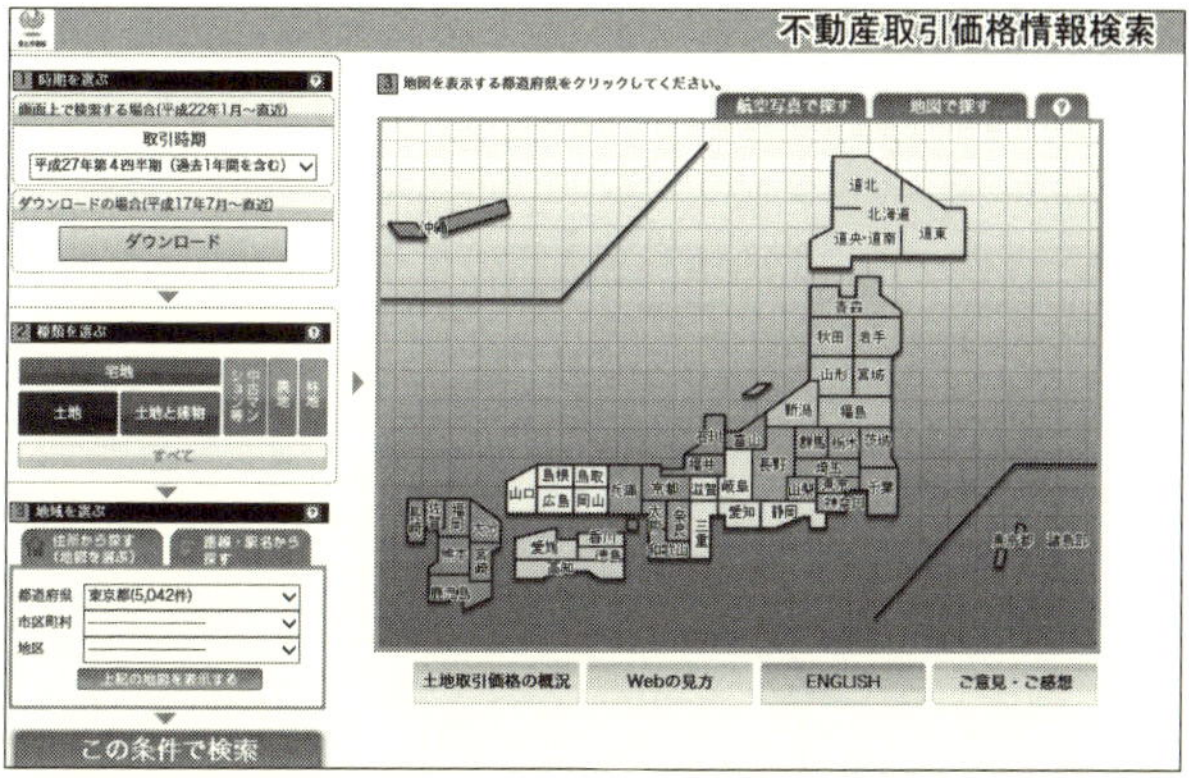

「不動産取引価格情報検索」ウェブサイト画面（引用元：http://www.land.mlit.go.jp/webland/servlet/MainServlet）

ありますが、周辺地域を参考にすればある程度の目安をつけることはできるでしょう。

もう一つの不動産会社に査定を依頼する方法は、売却をご検討の皆さんなら一度は考えたことがあるのではないでしょうか。

しかし、不動産会社の数は多く、サービスの質もピンきりですので、はじめから1社に絞るのはおすすめできません。はずさない業者を選ぶためには、**3社程度に査定を依頼する**のがいいでしょう。その場合、無料査定をしている大手不動産業者と、小さな業者（家族経営の不動産業者など）から「査定書」を出してもらえば、目安の金額を確かめることができるはずです。

ここで注意していただきたいのは、**査定価格**

が高いからといって売却価格が高くなるとは限らない点です。近隣の成約事例や、売り出し価格による公正なものでなくてはならないのですが、不動産業者の査定価格は相場よりも高めになることが多いのです。つまり、実際に売れる金額はもっと低いというわけです。

業者は「ウチでは高く売ります」とか「いい住宅ですね」と言い、最初の査定価格で無理な高額を提示して売却依頼までもっていこうとするのですが、いざ売却価格を見てみると、聞いていたよりも安いということが少なくありません。**実際に売れる価格は、査定価格の70～90パーセント程度**ですので、査定価格を鵜呑みにせず、事前に近隣の売買価格を調べてきちんと交渉すべきでしょう。

○不動産業者をはずさずに選ぶ方法

業者の選択は、もっと重要なポイントです。単純に「高く売ります!」とか、「頑張ります!」と言う業者よりも、売却費用や税金の仕組み・申告の方法等、具体的な説明をして、**手取り金額がどれくらいになるかを案内してくれる業者**の方が期待できます。

住宅は暮らしのためにはなくてはならないものですが、売買には大きなお金が動きます。そこで税制上の優遇策が設けられているわけですが、その知識を不動産業者がきちんと持っていないと、無事に売却ができたとしても、税金がかかって利益が少なくなってしまうかもしれません。

特に気をつけておきたいのが、譲渡所得に関する知識です。譲渡所得税の仕組みについては１４０ページで詳述しますが、この場合は売却益に課税される税金です。税制上の優遇期間であればほとんど控除されるのですが、担当者が仕組みを把握して売らないと、高く売れたつもりでも課税対象になって手取り金額が２割以上減ることもあるのです。

また、**業者が空き家を管理してくれるか**どうかも重要なポイントです。簡単な管理も無料、もしくは安価でしてもらえれば、契約中は空き家管理業者などを利用しなくても済みますし、成約のために不動産業者も努力するので、非常に重要な要素です。

最後に、業者の選び方として、昔のように新聞や雑誌に掲載されている広告を参考にしようと考えている方もいるかもしれませんが、昨今は完全なネット社会になっているので、紙媒体で広告を出している大手業者が、必ずしも売却活動に強いとは言えません。

指定流通機構の取引の流れ
「公益社団法人全日本不動産協会」ホームページより

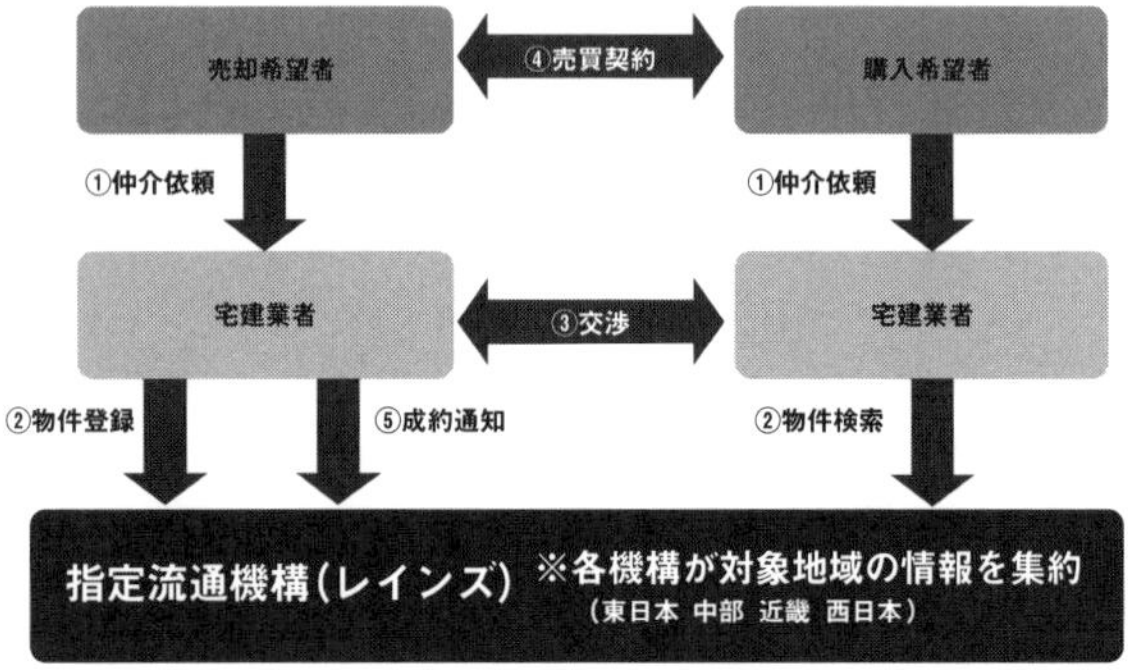

ネットで探せる売り物件情報は、宅地建物取引業法にもとづいて、国土交通大臣の指定を受けた**「指定流通機構」**に集約されています。ほとんどの業者が登録しているので、売り上手な業者もいいのですが、管理上手な業者を探してみることもおすすめします。

○不動産業者のメリット・デメリット

ただ、いざ不動産業者を探してみると、数が多すぎてわからない、と困ることもあると思います。そんな方のために、大手と中小それぞれの不動産会社のメリット・デメリットをまとめました。

まずは大手のメリットですが、店舗数が多い分、来客数も多く、相談ついでに内覧する人も少なくないため、購入検討者を見つけやすいことです。

デメリットとしては、毎月のノルマがあることが多いので、売主にとって不本意な金額・条件でも、月末までに契約する（させる）傾向がある点です。

一方の中小不動産会社のメリットは、基本的に売主に対応したのと同じ担当者が購入検討者への内覧も行うので、意思の疎通がうまくいきやすく、その結果トラブルが少なくなりやすいことです。

デメリットは顧客が少ない点ですが、昨今は「指定流通機構（国土交通大臣指定の住宅情報のネットワーク）」やインターネット検索によって大きな差はなくなってきています。

どちらを選ぶにしろ、大事なのは担当者ときちんと話をして、売却に関する知識があるかを確認することです。基本的に、不動産業者は不動産取引士試験に合格した人がいなくては開業できませんが、「不動産取引士は従業員の5人に1人以上」となっていますし、不動産取引に必要な税制の最新知識を持っているとも限りません。また、新築住宅と違い、空き家の専門知識を持っている人材は少ないので、必ずしも有利な売却をしてくれるとは言えません。何社かと直に話してみて、任せるに値するかどうかを判断しましょう。

○不動産会社とはどのような契約を結べばいいのか？

売却額を決めて不動産会社も選んだら、その会社と**媒介契約**を結びましょう。

媒介契約とは、売出し価格や売却条件、契約期間や手数料などを定める契約です。媒介契約には3つのタイプがあり、3カ月を一販売期間にして販売する契約が一般的です。

まずは**一般媒介契約**から見てみましょう。一般媒介契約とは、複数の不動産業者へ売却活動を依頼できる契約です。多くの業者へ依頼できるため、売れ難い住宅であっても周知させやすいというメリットがあります。

デメリットは、他の業者で売れてしまうことがあるので、各担当者の売却活動の本気度が下がる可能性があることです。また、複数社から購入希望があったときや、建物の荷物・鍵の管理責任が曖昧になってトラブルになるケースもあります。

次に紹介する**専任媒介契約**は、一社のみへ売却依頼をする契約です。

	一般媒介契約	専任媒介契約	専属専任媒介契約
内容	複数の不動産業者へ売却活動を依頼できる契約	一社のみへ売却依頼をする契約	すべてを一社のみへ任せる契約
メリット	・売れ難い住宅であっても周知させやすい	・本気度が上がり業者が費用をかけやすくなる ・簡単な清掃・郵便物の転送などを頼みやすくなる	※専任媒介契約との違いは、親族や友人など、自ら発見した相手との契約も業者を介す必要があること
デメリット	・各担当者の本気度が下がる可能性がある ・購入希望が多かったり、建物の管理責任が曖昧になったりしてトラブルになるケースがある	・その会社の販売力が低かったり、忙しかったりで売却が進まなくなる可能性がある	

メリットは、本気度が上がり広告や看板等に業者が費用をかけやすくなることや、簡単な清掃・郵便物の転送などを頼みやすくなる等があります。

デメリットは、その会社の販売力が低かったり、忙しかったりで売却が進まなくなる可能性があることです。

最後の**専属専任媒介契約**は、すべてを一社のみに任せる契約です。専任媒介契約との違いは、自ら発見した相手との契約も業者を介す必要があること。つまり、甥や姪などに売ることになっても、手数料が発生します。

基本的には、責任を明確にして本気で売却活動をしてもらいやすい**専任媒介契約が好ま**

しいでしょう。

しかし、6カ月以上売れない場合は、販売方法も変わるので、業者を変えた方がいいかもしれません。宅地建物取引業法の決まりにより、いずれも3カ月以内の契約しかできませんので、契約期間後には他の業者に依頼することができます。断りにくいと思うときは、媒介契約書に「3カ月の契約満了後は看板等の販促品等を撤去し、鍵を返却する」と事前に明記しておけば、煩わされることもないでしょう。

ただし、もしも業者がなかなか売れない住宅だと思っていたり、売り出し価格が低くて業者が本気にならない（100万円の不動産だと5万円の手数料）ならば、一般媒介契約で複数の業者へ依頼することも検討した方がいいかもしれません。

いずれの契約を結ぶにしろ、基本的には成功報酬なので、ほとんどの場合は売主側に契約費用は発生しません。契約の際、不動産業者から住宅の情報などを聞かれると思いますが、その際に隣地との境界や近隣との関係、住宅機器等の状態等、購入検討者から聞かれそうなポイントを教えておくとスムーズに売却活動ができるでしょう。

売出し価格については地域性もありますが、最低でも1カ月位は高め価格で売却を始めれば、やや高めの実質売却価格にしやすくなります。とはいえ市場価格から大きく外れるといつまでたっても売れないので、担当者ときちんと相談して価格を決めましょう。

○業者による売却活動の流れ

依頼する業者を決めたら、鍵を渡して管理を任せましょう。購入検討者が見たいと言ったときにすぐに内覧できる環境をつくっておけば、売却までスムーズに決まりやすくなります。

ちなみに不動産会社は、売り物件看板、新聞広告や雑誌掲載、ホームページ、近隣居住者へのチラシ配布等によって購入者を探します。

こうした業者の宣伝活動によって購入の申込みがあったら、売主に連絡がいきますが、購入希望者から「○万円なら買います」と値引きを求められたり、「荷物を片づけて、掃除して引き渡して欲しい」「隣地との境界を明確にして欲しい」等の条件が出ることが少なくありません。

もちろん売却を急いで条件をのむのも一つの手です。しかし、買ってもらえるからといって親切にしすぎると、大変な出費になりかねません。契約時に「照明・ボイラー等や上下水道を使えるようにして引き渡す」と決めてしまうと、すでに補修をしている箇所であっても、ボイラーやエアコンを新品にしたり、古くなって錆の出る水道管を交換する義務が発生する可能性もあります。

そうした事態に陥らないためにも、引き渡し条件を提示されたら「中古住宅のため現況での引き渡し」としておいて、トラブルを回避しましょう。

もちろん、売主ですから条件を断ることもできますし、業者経由で条件を交渉してもらうこともできます。引き渡し条件に必要な費用は家の規模によって大きく異なりますので、価格相応の引き渡し条件になるようにして売却しましょう。

ともあれ、購入希望者と互いに納得できれば、契約や引き渡しの準備に入ります。

ただ、このとき、必ずしも購入希望者が買えるとは限りません。一般的には、不動産取引の契約は簡単には解除できないのですが、住宅ローンの審査に通過できずに成約にいたらなかったり、売却が決まってから解約になることがあるので、まだまだ安心できません。

特に、購入希望者が本審査の厳しい借入を利用しようとしているとしたら（住宅金融支援機構のフラット35のように、事前審査が通っても本審査が厳しいローン）、引き渡しの準備は急がない方がいいでしょう。

○売買契約が成立したら

金額、条件が合えば契約成立となって記名押印することになります。

売却時に必要な書類は１２６ページの図にまとめましたので、チェックして不動産会社の担当者に確認してもらいましょう。

他にも司法書士に求められた場合は、抵当権の抹消書類（金融機関）や、所有者の住所移転登記に必要な住民票などを用意しましょう。相続登記が終わっていない方は相続手続きも早めに準備しましょう。

移転登記とは、68ページで紹介した所有権移転登記のことで、土地の名義を買主に移す手続きです。自分で手続きをするのは大変なので、必要書類を準備して司法書士に手続き

売却時に必要な書類と交付場所

・登記済み権利証（登記識別情報）
→ 見つからない場合は登記所へ相談

・所有者の身分証明書、実印、印鑑証明書、住民票
→居住する市町村役場

・固定資産税納税通知書
→ 市町村役場

・（あれば）土地の境界がわかる書類

・（あれば）住宅設計図、図面

・その他不動産会社、司法書士から必要といわれた書類

をしてもらうことになるでしょう。

しかしここで、プロにやってもらっているからもう安心、と思って必要書類の準備が遅くなると、トラブルに発展するかもしれません。書類の用意が遅れて契約書の期日を過ぎると、移転手続きができずに売却が成立しないこともあるのです。まずは書類の取り寄せ方を司法書士や不動産会社の担当者にきちんと確認して、早めに行動することを心がけましょう。

書類を用意して引き渡しをする段階になったら、ほとんどの場合は**手付金**の授受があります。手付金とは、売買契約を結ぶ際に買い主が売主に払う代金の一部のことです。

不動産の売却契約では、どちらかが契約を

破った場合に手付金分を支払わせる「解約手付」の形式をとることがほとんどです。買い主が破った場合はすでに支払った手付金を放棄し、売主が破った場合は受け取った手付金の倍額を買い主に返す決まりです。契約を破った場合のペナルティのようなものですね。契約事項に納得できない点があれば、事前にきちんと協議しておきましょう。

引き渡し（残代金授受）の時は、売買代金を受領して前述した書類と鍵などを引き渡します。

売却後、注意していただきたい点として、譲渡所得に対して税金を課される場合がありますので（詳しくは１４０ページ）、お金を全部使ってしまうと、税金が払えなくなってしまいます。翌年には申告が必要になりますので、事前に税務署で相談（無料で受けてくれます）しておきましょう。

○住宅を高く売るための方法

さて、売却の手順が確認できたところで、今度はどうすれば高く売れるかを考えてみたいと思います。

高く売るということは、査定をする不動産会社や購入検討者に「良い不動産」と思われるようにすることです。前述したとおり、基本的には不動産会社の査定によって売却額を決めることになりますが、ある程度工夫をすれば、この査定額、ひいては売却額を高くすることも不可能ではありません。

というのも、査定基準に業者間統一のルールはないので、アピールして担当者に好印象を与えることができれば、売却価格も納得できるものにしやすくなるのです。

もちろん、立地が悪かったり、損壊がひどかったりすると、お金をかけても元がとれなくなるリスクがありますので、以下をお読みいただいて、できそうなところから始めてみてください。

まず、単純なことですが、**きれいな住宅**の方が高く売れます。業者に頼むと、広くて状態が悪い家なら数万〜十数万円ほどかかってしまうかもしれませんが、ハウスクリーニングによって住宅のイメージは大きく変わり、商品としての価値がアップします。自分でやる場合でも、休日にご家族か友人の協力をあおげば、業者への費用も浮かせることができるでしょう。

業者にハウスクリーニングを頼んだ際にかかる費用ですが、30～45坪の住宅ですと、一般的には６万～15万円ほどが必要になります。これに加えて、換気扇やエアコン、ベランダ、水廻りの状態、ワックス等で追加料金が発生します。

これでは費用がかかりすぎる、と思った方もいるかもしれません。そうした方は、業者へ依頼する箇所を最小限に抑え、あとは自分で掃除をするといいでしょう。

業者に依頼すべきか特に検討が必要な箇所は、水廻りです。きちんと使える状態であっても、汚れていると印象（特に女性への）が悪くなりますので、念入りにチェックをしてください。最低でもキッチンとトイレ、浴槽だけはきれいにした方が、建物の価値が上がります。自分でできない場合は、業者に依頼してみてはいかがでしょうか。

室内の清掃がおわったら、室外、庭の掃除もしておきましょう。

ポイントとしては、庭木があれば剪定したり除草剤を散布しておくだけでも市場価値は大きく変わります。

除草剤は粒状と液体のものがあり、農地用と駐車場や道路に使う非農地用に分類できま

通常の売却・買取りを問わずいい価格で売却するための簡単なポイント

◯水廻りを清掃しておく
◯室内を明るく見せるために照明をつけておく
(電気の契約が必要な場合に注意)
◯室内を明るく見せるためにカーテン等を開けておく
◯生活臭、カビ臭を減らすため30分以上前から換気をしておく
◯位牌や遺影は見えない場所に置いておく
◯雑草があれば7日以上前に除草剤を散布しておく
◯最低でも玄関から居間(リビング)までは歩きやすくしておく

ハウスクリーニング費用まとめ

30坪～45坪の住宅の場合

・6万円～15万円の費用で可能
・換気扇やエアコン、ベランダ、水廻りの状態、ワックス等で追加料金が発生
・最低でも水廻り(キッチン、トイレ、浴室)の清掃をしておくと、査定者の心証がよくなる
・水廻りのハウスクリーニングは、それぞれ1万～2万円ほど
・庭の除草剤は50坪用で2500～9000円
・植木屋への日当は2万～3万5000円
(高い場所だと費用も高くなる)

す。粒状であれば比較的軽く簡単に散布できるので、人手が足りなかったり、体力に自信がないという方にはこちらをおすすめします。

ちなみに、除草剤は50坪用で２５００～９０００円で買えますが、効果が出るまで２～７日を要するので、早めに散布したほうがいいでしょう。

続いて剪定についてですが、経験がない方が急に高い場所の枝の伐採をするのは危険なので、植木屋などの業者に依頼しましょう。

植木屋に依頼した場合、脚立が使える樹木であれば、一人当たりの日当は２万～３万５０００円ですが、脚立で届かない樹木だと高額になる場合があります。もし枝切りだけですむようでしたら、空き家管理業者や便利屋を利用すれば半分程度の費用に抑えられる場合がありますので、数社の値段を比べてみてください。

その他、やっておくと心証がよくなる項目を１３０ページ上図にまとめました。どれも当たり前のことではありますが、どれかをおろそかにしていると、本来は売れる建物が売れなかったり、売却価格が数十万～数百万円も下がってしまうことがあります。自分でできなくても、親類に頼んだり業者を利用したりして、住宅の価値を下げないようにしましょう。

○査定時にあったら評価が下がるもの

続いて、査定時にあったら評価が下がるものを紹介していきます。

基本的に、家具や家電などの役に立ちそうな荷物を置いたままにしていても、住宅の資産価値は上がりません。逆に処分費がかかると見なされ、その分評価は下がります。余計な荷物ならなおさらです。**荷物は少なければ少ないほどいい**と見なされるわけです。

荷物を少なくすることで、カビやダニの元が減りますし、通気性が高くなるとホコリも減って空気がきれいになるので、住宅としての印象が良くなります。

もし、荷物の整理が困難なときは、玄関から廊下、リビングまでと、寝室、浴槽、トイレだけでもきれいにしてみてください。それだけで印象が全く違います。

ちなみに、家電の処分費用ですが、エアコンで1400円程度、テレビはブラウン管、液晶とも上限3000円程度、冷蔵庫は上限5000円程度、洗濯機は上限3000円程度が目安です。まとまると結構な額になるので、売れるものはリサイクルショップに売ってしまいましょう。

ゴミだと思っていても、真空管ラジオやレコードプレーヤー、壊れた農機具、動かないバイク・自動車、果ては戦争中の写真などでも、意外に高額で売れる場合があります。持ち出すのが難しい場合は、写真を撮って見せるだけである程度の査定をしてくれる業者もあるので、試すだけ試してみましょう（この場合、トラブルが少ないのは店舗を持っている地元の業者です）。

○ペットを飼っていた家の消臭対策

ペットの飼育は売却時の告知事項ではありませんが、臭いやキズが残っていると、売り難くなったり、住み心地が悪くなったりするので、ある程度は改修が必要になります。ですので、ペットを飼っていたという場合は、可能な限り対策をして、購入検討者が内覧する時には良い状態にしておきましょう。

まず、ペット対策に限りませんが、住宅をきれいにするには、換気をして空気を入れ替えることが基本です。空気清浄機を使うという手もありますが、あくまで空気の清浄ですので、臭気の元はなくなりません。補助的なものとして考えましょう。

建物の空気を入れ替えたら、ペット用消臭剤（スプレー）を使用しましょう。人に害がなく即効性も高いので、細かいところについた臭いをとってくれるはずです。

一方で、芳香剤などを使って消臭しようとしても、臭い成分を分解するものではないので、効果はあまり期待できません。それどころか、変質して不快な臭いになることもあるので、必ず専用の消臭剤を使用してください。

○安くて簡単にできる猫と犬の臭いの消し方

この他にも、お金をかけずにできる対策はいくつかあります。

例えば、猫の尿がついた箇所には**熱湯をかける**のが効果的です。こうすることで尿成分のほとんどを分解することができますので、親が猫を飼っていたという方は試してみてください。

もちろん、お湯をかけられないような場所に臭いがつくこともあります。その場合は、

みょうばん（漬物などに使われる添加物で、１００円位で買えます）が役に立ちます。

まずは５００ミリリットルのペットボトルに水３００ミリリットルと20グラムのみょうばんを入れてよく振り、一晩以上待ちましょう。時間が経つと透明になり、スプレーとして使用できるようになります。酸性のみょうばんをスプレーにすることで、アルカリ性の尿をきれいに分解することができるのです。熱湯を使用できない場所にはこちらが有効です。

次に犬の臭いの消し方を見ていきましょう。猫の場合もそうですが、犬のフンや尿の臭いはなかなかとれないもの。そんなときに便利なのが、クエン酸と重曹です。

これらを水で薄めたものを部分的にスプレーして拭き取り、２～３回繰り返せば、臭いは元からとれているはずです。１３６ページの図に場所別の対策もまとめましたので、こちらも参考にして、気になる臭いを落としていきましょう。

最後に、一つ注意していただきたい点があります。動物の臭い消しでは掃除機が盲点になりがちです。気づかずに掃除をしてしまうと、排気からペット臭が出て空気を淀ませることもあるので、中に重曹を入れたり、早めに掃除機内のゴミ等を処分し、掃除後の換気も充分にしなくてはなりません。

場所別の消臭対策

壁紙（クロス）と襖

・住宅の中で最もペット臭のつきやすい部分
・問題になるのは尿が付いている部分
・前ページの対策を数回おこなってみても臭いが取れない場合は、張替えの検討が必要
・6畳部屋（天井除く）の安価なクロス　3万5000～5万5000円ほど
・襖片面　6000～2万円ほど

室内ドア

・交換　3万円～

たたみ

・臭いがついていたら表替え（畳の上側の交換）が有効
・表替えの交換費用　4000円～1万5000円／枚
・畳み全体がフンや尿で傷んでいる　2万～3万5000円／枚

フローリング

・見た目で腐食が明らかでない限りはワックス
・木部に滲みこんだ成分は分解しない限り臭いは消えない
・部屋の隅を重点的に、消臭対策

布製品

・漂白剤や重曹、クエン酸などを使って洗濯
・上からクロス等を貼っても、一時期臭わないだけで、数週間後（特に夏期はわかりやすい）再び尿の臭いがしてくることがある
・浸み込んだ臭い成分を100％分解することは難しいが、臭いを通さない壁紙（クロス）を上から貼れば、ほとんどの人にはわからないレベルになる

○こんな業者は注意

ここまで見てきたとおり、住宅を売ったり貸したりするには、ハウスクリーニングやリフォームなどをして、住宅をアピールできるものにしなければなりません。

そうした作業の中で、業者に頼む仕事もでてくると思います。その業者が仕事熱心で真摯に対応してくれるならなんの問題もありませんが、中には詐欺まがいの行動をとって高額の費用を請求してくる業者もあります。

そうした業者の多くは、電話営業や戸別訪問など、向こうから近寄ってくるものがほとんどです。そこでこの項目では、よくある業者とのトラブルをまとめました。余計な出費に苦しまないためにも、避けるべき業者を把握しましょう。

・無料回収トラブル

余計な荷物が増えたけど、自治体による回収だと費用も結構かかるし、手続きも面倒くさい。そんな心理につけこんで詐欺まがいの圧力をかけてくることがあるのが、スピーカーで無料回収を謳いながら移動している回収車両です。

具体的には、荷物を車両に載せる前には無料と言っていたのに、荷物全部を載せ終わると、数万円の積み込み手数料や高額な処分費を高圧的な態度で請求してくる、荷物の処分費は無料だが、トラックへの積み込みは有料、といった被害が出ています。

しかも、特別な資格は不要で営業許可も簡単に出るので、悪用する業者があとを絶ちません。その上、たとえ警察官を呼んでも、「民事には介入できない」と言われて、お金に関してはノータッチであることがほとんどです。明らかな暴力や暴言がなければ、警察は何もできないようです。

問題を避けるには、利用しないのが一番です。基本的には飛び込み営業なので、事前に信用できる業者を調べて、急に現れる無料回収車は無視してください。

もし、被害を受けたら、残念ですがお金は戻らないと思ったほうがいいでしょう。弁護士に相談しようと思って会社を調べても、情報が出てこなかったり、別の会社の住所を記載していたりと、実体があるかもあやしい業者ばかりだからです。

ただ、そうした回収車がすべて悪質なわけではないので、利用したいのであれば、荷物を載せる前に数十文字でもいいので見積書をつくってもらい　書面化しておくことです。口約束では悪徳業者の思う壷になってしまいます。

・押し買いトラブル

近年急速に増えているのが押し買いトラブルです。特定商取引法が改正されるぐらい、多くの被害者が出ている犯罪です。

これも無料回収車と同じく、飛び込みで家を訪れたり、電話で営業をかけたりしてきます。「何でも買取ります」「資源は無料回収します」と勧誘して家の中に入り込み、貴金属や着物、骨董品、バイク、自動車など、狙ったものを不当に安い価格で買い取る被害が急増しているのです。

電話で「何でも高く買取ります」と言って無理に訪問する業者や、査定だけの約束で見せたものを離さずに、「○○円ならいかがですか」「□□円でお願いします」と繰り返して居座る業者もいるほどです。

本来なら、業者名・所在地・電話番号・許可証や行商従業者証の提示と、買取り条件などの書面の交付が義務づけられていますが、悪質な業者がそうした決まりを守るとは限りません。家に入れない、相手にしないことが一番の予防策となります。

家に入れると、買取業者は第三者が見ていないので強気になったり、「わざわざ訪問したので利益を出すまで帰りたくない」等と思われたりで対処が難しくなるようです。買取りを検討しているのであれば、第三者の眼がある店舗での買取りを利用しましょう。

○売却する時の税金・手続き・手取り金額

さて、住宅をきれいにして無事に売却が成立したら、空き家を手放してお金を受け取る、といきたいところですが、土地や建物を売却した金額がそのまま手取り金額になることはほとんどありません。**売却費用や譲渡所得への税で手取り金額は減ってしまう**のです。

ただ、こうしたお金は事前に準備をすれば減らせることが多くあります。本項でその準備方法を紹介しますので、対策を立てて経費や税金を少なく済ませましょう。

譲渡費用の主なもの（国税庁ホームページより）

・土地や建物を売るために支払った仲介手数料
・印紙税で売主が負担したもの
・貸家を売るため、借家人に家屋を明け渡してもらうときに支払う立退料
・土地などを売るためにその上の建物を取り壊したときの取壊し費用とその建物の損失額
・既に売買契約を締結している資産を更に有利な条件で売るために支払った違約金（土地などを売る契約をした後、その土地などをより高い価額で他に売却するために既契約者との契約解除に伴い支出した違約金）
・借地権を売るときに地主の承諾をもらうために支払った名義書換料など

まずは、手取り金額がどのように算出されるかを見ていきましょう。その年に最終的に手元に残るお金、つまり**手取り金額は、売買金額（譲渡価格）から譲渡費用と税金を差し引いた金額**のことです。

譲渡費用とは、測量費、業者への仲介料、契約書へ貼付ける印紙代、取壊し費用・整地費用などをいいます。要するに、**土地や建物を売るために直接かかった費用**のこと。

主な税金は**譲渡所得税**のことで、譲渡価格から、取得費、譲渡費用、特別控除を引いた金額（譲渡所得）に、税率をかけた値が譲渡所得税額です。

取得費は、土地や建物を取得したときにか

かった費用です。土地の購入代金、建物の建設費、登記時の税金（登録免許税といいます）、不動産取得税、改良費などのことですが、古い土地でどのくらいの費用がかかったのかわからない場合は、売った金額の5パーセントとなります。

逆に言うと、バブル期など相場が高い時期に購入して価格が下落した時に売却した場合は、利益がないので譲渡所得税は課税されません。

肝心の税率ですが、所有期間（取得した年の1月1日から計算）が5年超だと、譲渡所得金額の20パーセント（所得税15パーセント・住民税5パーセント）で、5年未満だと、39パーセント（所得税30パーセント・住民税9パーセント）も課されることになっています。

ちなみに、相続や譲渡で土地や建物を取得した場合にも譲渡所得税は課税されますが、取得日は被相続人（授与者）が取得した日から計算されます。

○売却時の税金を抑える方法

これだけ高い税金を払うとなると、せっかく売却利益を得ても、ほとんど意味がありま

更地にして住宅を売却した時の例（特別控除を含まずに計算）

子どもの頃住んでいた住宅を更地にして1500万円で売ったときの税額

手取り額 ＝ 譲渡価格(A) － 譲渡費用(B) － 税額
譲渡所得 ＝ 譲渡価格(A) － 譲渡費用(B) － 取得費(C)
税額 ＝ 譲渡所得 × 税率(D)

A：譲渡価格は売却金額：1500万円
B：譲渡費用
①不動産仲介料(3%+6万円)＋消費税8%：約55万円
②建物内の解体費：約150万円
③土地の整地費用(樹木処分費)：約30万円
④契約書印紙代(1000万円以上5000万円未満)：約1万円
⑤印鑑証明書その他：約1万円
⑥建物滅失登記費用※：5万円
計 約242万円
C：取得費は購入時の領収書合計(なければ譲渡価格の5%)
: 75万円
D:前年相続しても、所有期間は5年超の扱いで税率は20%
税額＝(A：1500万円 － B：75万円 － C：約242万円)×
20% =1183万円 × 0.2 = **約236万6000円**
手取り金額 =1500万円 － 約242万円 － 約236万6000円
＝ 約**1021万4000円**
※建物滅失登記：建物を解体した場合、1カ月以内に法務局の登記簿上からその建物が存在しなくなったことを登記しなければならない。建物滅失登記費用はその登記に必要な費用のこと。

中古住宅として売却した時の例（特別控除を含まずに計算）
子どもの頃住んでいた住宅を1500万円で売ったときの税額

手取り額 ＝ 譲渡価格（A） － 譲渡費用（B） － 税額
譲渡所得 ＝ 譲渡価格（A） － 譲渡費用（B） － 取得費（C）
税額 ＝ 譲渡所得 × 税率（D）

A：譲渡価格は売却金額：1500万円と仮定
B：譲渡費用は
①不動産仲介料（3%+6万円）＋消費税8%：約55万円
②建物内の荷物処分費：約20万円
③クリーニング費用：約15万円
④契約書印紙税（1000万円以上5000万円未満）：約1万円
⑤印鑑証明書その他：約1万円
計 約92万円
C：取得費は購入時の領収書合計（なければ売買価格の5%）
：75万円
D:前年相続していても、所有期間は5年超の扱いで税率は20%
税額＝（A：1500万円 － B：75万円 － C：約92万円）×
20% =約1333万円 × 0.2 ＝ **約266万6000円**
手取り金額 ＝ 1500万円 － 約92万円 － 約266万6000円
＝ **約1141万4000円**

せん。苦労してやっと売れたのに、と落胆する方もいるかもしれませんが、大丈夫です。売却前後に早期に対策さえしておけば、課税特例によって誰でも税負担を抑えることができるのです。

実は、条件を満たせば特例で課税されない場合があります。それが**「居住用財産の特例」**のことで、居住用財産（居住の用に供している家屋とその敷地）を売却した場合は、３年以内なら３０００万円まで控除されることになるのです。

正確には、転居してから3年後の12月31日までの住宅で、別荘や仮住まいには適用されませんが、自分が住んでいた家であれば有効です。

家屋を取り壊した場合も有効で、人が居住しなくなってから3年後の12月31日までか、取壊し後1年以内かのいずれか早い日までが特例の対象です。逆に3年を過ぎるとこうした特例を受けられなくなり、維持管理費も大きくなっていきます。

また、土地の売却によって所得が増えることで、翌年の健康保険料、介護保険料にも影響が出ます。国民健康保険料、介護保険料は前年の所得に応じて算出されます。つまり、土地や建物を売って得た金額以外にも、税金がかかることがあるのです。

要するに、**特例による控除を受けなかったり控除額を超えて売却した場合は、譲渡所得税と所得に応じた健康保険料、介護保険料を払わなくてはならず、負担がかなり大きい**のです。

このように、注意点はありますが、特別控除があれば譲渡所得にかかる税金を抑えることができます。2015年12月24日には、「相続により生じた空き家」であり、旧耐震基準の建物（概ね昭和57年以前の建物）に対して、相続人が耐震改修をして家屋・土地を売却した場合、家屋を除去して土地を売却した場合の譲渡所得税についても、3000万円の特別控除導入が閣議決定されました。これにより、国は有害な空き家が増えないように、流動させようと考えているようです。

ただ、これらの特例は、他の特例と重複できなかったり、適用要件があったりしますので、必ず税理士や信頼できる不動産業者に確認をして下さい。

第5章

売りにくい空き家を手放す方法

４章では住宅の貸し方、売り方を紹介しましたが、住宅の状態が悪かったり、立地が敬遠されたりして、思うように貸せなかったり売れなかったりする場合も当然あります。

そこで本章では、そうした売りにくい住宅を手放すにはどうすればいいのかを見ていきたいと思います。失敗しやすい活用術や、勘違いしがちな対策についてもまとめていますので、参考にしていただけると幸いです。

○業者買取りを利用する

まずは、一番楽で手放せる可能性も高い方法から見ていきます。

売れない空き家であったり、遠方に住んでいたり、建物が古く荷物が多かったりしても、不動産買取業者へ依頼をすると、手間暇かけずに売却することができます。**高く売れることは少ないのですが、比較的簡単に売却できる方法**です。

中古住宅活用に向けて政策を考え始めた国も、買取業者への支援に取り組んでいます。

２０１５年の税制改正によって買取業者への不動産取得税が軽減されたので、積極的な業者も増えてくることでしょう。

もちろん、どんな住宅でも買い取ってもらえるわけではありませんが、購入検討者へ見せられない状態であったり、上下水道・ボイラー等に修繕が必要な場合など、売却を仲介する不動産会社が避けるケースであっても、買取が成立しやすいのです。維持管理不足でカビ臭かったり、畳や屋根、庭の状態が悪くて何らかのリフォームをしないと売れない状態の建物であっても、有効です。

仕事で平日は時間がとれない人や、定年して年数が経過してしまい体力的に厳しい人、子育てが忙しい人などでも、これまで紹介したような計画を立てることなく、空き家を手放すことができるのです。

注意点としては、前述のとおり、買取り価格が低くなってしまうことです。業者からすれば少しでも低い価格で買い取れば利益も大きくなりますので、土地建物のさまざまなマイナスポイントを並べて値下げを要求してきます。

マイナスポイントの多くは本当のことなのですが、買取業者にとって「リフォームして転売できる建物」であるのは間違いないので、言われたままの金額で売ってしまうのは大きな損失になるかもしれません。買取業者に依頼する場合も、数社に見積りを依頼して、納得のいく価格を探りましょう。

「3000万円で売った住宅が1000万円で売り出されていた！」と驚く方も多くいますが、**成約価格と初期の売出し価格には2倍~3・5倍程度の開きがあります**。リフォーム費用だけでなく登録免許税、不動産取得税、維持管理費、広告費、譲渡所得税の買取り費用があるので暴利とは言い切れません。

もちろん、「見積りをもらって会社を絞ったけど、買取り価格に納得できない」ということもあると思います。その場合は「その価格では売れません」と言っておけば吉報があるかもしれません。

数週間から数カ月後に買取業者から「今なら（他の買取り物件がないので）高く買い取れます」とか、「第○四半期の決算なので、今なら特別の条件で買取りできます」とか、理由は様々ですが、買取業者の都合によって買取り価格が上がることも、案外普通にあるのです。

注意点は、これまでも指摘したとおり、空き家を数カ月放置していると想像以上に悪化すること。雑草は梅雨時や盛夏に驚くほど伸びてしまうので、除草剤は早め多めで管理は怠らずに吉報を待ちましょう。

積雪地での越冬や台風・豪雨等の問題などがなければ、急いで売却の結論を出す必要はないかもしれません。しかし、半年、1年と空き家にすると建物の状態が悪くなるので、半年以内には何らかの結論を出すか、空き家の管理を依頼した方がいいでしょう。

○駐車場活用が効果的なのは狭小地

続いて、もっともポピュラーな対策である駐車場への資産活用を見ていきましょう。

解体費以外の初期投資が少なく、負担が小さいので、近年全国的に増えている活用術ですが、忘れてはいけないのが、**建物の解体に見合った収入を得ることができるか**どうかです。

敷地60坪で正方形の敷地と仮定した場合、中央に通路が必要になるので、普通車5台と軽自動車4台程度のスペースになります。

仮に1カ月の単価を「普通車5000円×5台＋軽自動車4000円×4台」とし、

満車だと仮定すると、年間49万2000円の賃料収入となりますが、維持費や固定資産税も必要になります。

駐車場にするためには、初期費用として住宅の解体費で約100万円、さらに樹木などの処分費と整地費用を負担することになります。毎月満車になったとしても、住宅を解体すると固定資産税が6倍になって負担も増えるので、費用の回収までには早くて5年、長いと7年以上はかかるでしょう。もちろん、利用者が少なければ費用の回収まではさらに時間がかかり、資産活用としてのメリットは小さくなります。

駐車場として活用するのが効果的なのは、**狭小地の空き家**です。

というのも、現在の建築基準法には「建築物の敷地は4メートル以上の幅の道路（建築基準法で規定される道路）に2メートル以上接していなくてはならない」という内容の基準（接道義務といいます）があり、これを満たしていない土地は、住宅の建て替えができないのです。

元々は、災害対策用の避難路などを確保することを目的とした規定ですが、古い市街地などにある狭小地の場合、この基準を満たしていないことが少なくありません。不動産会

接道義務

建築物の敷地が4メートル以上の幅の道路に
2メートル以上接していないと、建て替えができない

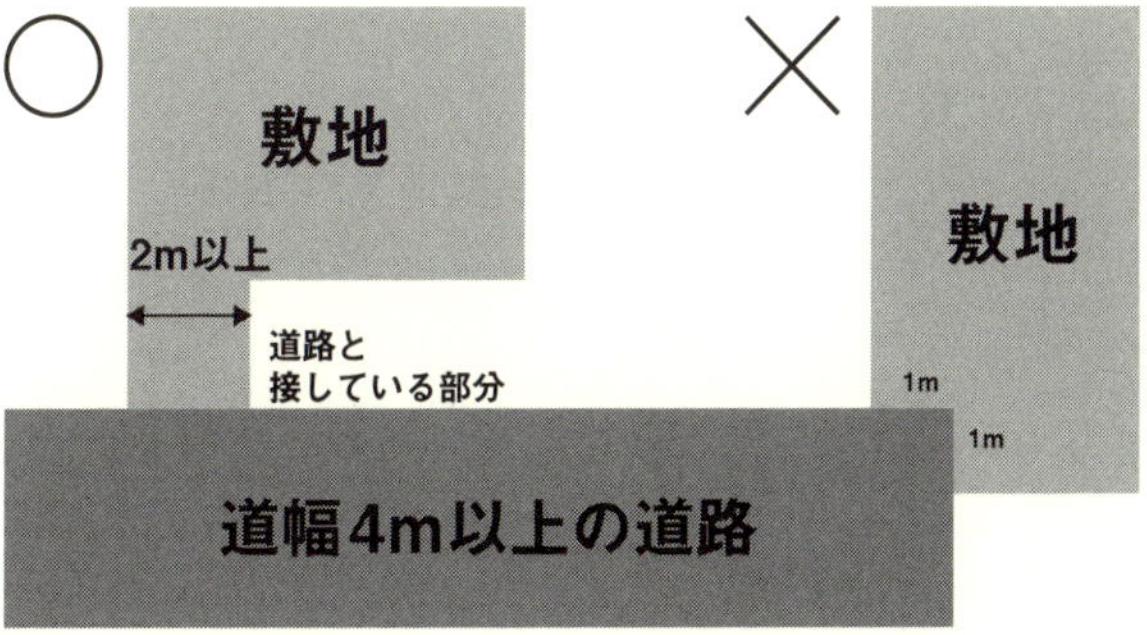

社からすれば、建て替えできない土地は住宅用地としての価値がないので、買取業者であっても避けてしまうのです。

駐車場への活用は、こうした土地への対策として最も現実的です。狭い土地が並ぶような立地は、交通量が多かったり、住宅用地として需要があったりするケースがよくあるので、駐車場利用者を確保しやすいのです。もちろん、不動産会社や税理士などと相談してから決めるべきですが、建て替えができないため、最終手段として考えてもいいと思います。

こうした狭小地への活用以外にも、**相続対策として駐車場に活用する**方法もありま

す。アスファルトで固めて駐車場にすることで土地の評価額を下げ、相続税を下げることができるのです。コインパーキング等の一括賃貸にすれば、さらに相続税の評価を下げることができますので、気になる方は不動産会社に相談してみてください。

○売れない不動産を更地にしても売れない

駐車場への活用と同じくらいよく知られている手法として、建物を解体し更地にしてから売るという方法があります。ただ、これは「売れにくい不動産」を早く売る方法であって、「売れない不動産」を売れるようにする効果はありません。

もちろん、売れる土地であれば、早いか遅いかの違いはあれど、売却は可能です。建物や庭木、門塀が残っていて敷地が狭く見えたり、雑草や古い建物があって土地を有効活用できない場合、更地にするだけでいい土地に見える効果があります。また、住めない状態の建物や特定空き家に指定された建物の場合は、解体して更地にした方がいいでしょう。

とはいえ、**とりあえず更地にするのはリスクがあります**。土地を自由に使いたいと思っている人や企業がいれば高く売れる可能性がありますが、売れなければ翌年から土地の固定資産税が上がってしまいます。さらに解体費も数十～１００万円単位が必要ですから、慎重に決断すべきだと思います。

○古くて売れない建物はリフォームしない

では、具体的にはどのような住宅なら、更地にした方がいいのでしょうか？　有効な住宅は、築後30年以上経過して寿命をむかえた建物や、大き過ぎて修繕費が莫大になる建物、立地がよくて整形すれば分譲できる敷地なのに売却査定の低い場合です。

売却査定が低い場合というのは、法定耐用年数を超えた住宅や、旧耐震基準で建てられた住宅のことです。昨今の地震から買主を見つけることが難しくなっていますので、壊してから売却するのも一つの手です。

ただし、売れないと翌年から特定空き家や駐車場と同じように、固定資産税が最大６倍の土地になりますので、不動産会社等とよく相談して下さい。

住宅の法定耐用年数

構造		事業用（賃貸用）	居住用
		耐用年数	耐用年数
鉄骨鉄筋コンクリート造 鉄筋コンクリート造		47年	70年
れんが造、石造、ブロック造		38年	57年
金属	骨格材の肉厚4mm超	34年	51年
金属	骨格材の肉厚3mm超4mm以下	27年	40年
金属	骨格材の肉厚3mm以下	19年	28年
木造　合成樹脂造		22年	33年
木造モルタル造		20年	30年
建物付属設備		3〜18年	

※実際には、維持管理や改修次第で建物の寿命を延ばすことができるし、逆にこれより短い期間でも修繕が必要な場合もある

法定耐用年数とは、事業用建物への税務用に決められた基準ですが、現在はこの基準に基づき住宅の価値が決められるのが一般的です。上の図に構造別の耐用年数をまとめましたので、この数字に近かったり過ぎている場合は、「建物0円、解体費用マイナス査定の建物かもしれない」と覚悟しておいたほうがいいでしょう。

それでも、そうした住宅をリフォームすれば活用できるのではないかと考える方もいるでしょう。ですが、はっきり言って、**管理不足の古い建物をリフォームしても、住居としての価値は**

あまり高くなりません。

東京から静岡周辺の過ごしやすい気候の都市にある、気密性の高い建物なら別ですが、そうでなければ別荘利用を除き、夏期・冬期の生活には難があります。

住宅というものは、ある程度年月が経過してしまうと、資産価値はほとんどないと判断されてしまいます。マンションの場合、管理組合が管理をするため劣化が放置されることは少ないのですが、戸建住宅だと定期的な修繕や管理が忘れられがちです。

そうなると、いざ売り出そうと思っても、大規模な修繕が必要になってしまいます。屋根材や上下水道管の劣化が進んでいると新築した方が安いぐらいなので、売れないのは当然です。

もちろん、古いからといって必ずしも売れないわけではありません。気候に合わせて維持管理がきちんと行われてきた住宅であれば、修繕費はそこまでかかりませんし、建て替えるよりも安上がりになることも少なくありません。ですので気になる方は、本章の対策を参考にして、リフォームが可能な住宅かどうかを見てみてください。

それらの対策を見て、リフォームは難しい、別の方法を考えたいとなったら、まずは、気候の悪い時期を除いて、半年ほど売りに出してみましょう。そしてそれ以上売れなかった場合は、建物を解体して更地として売却することを検討してみましょう。実際に解体しなくても、解体費相当の値引きをして売却すれば買い手がつくこともありますので、解体前に不動産会社に相談してみることをおすすめします。

好ましくないのは、「解体費を負担して固定資産税が増えたのに売れない」という状況です。前述したとおり、戸建住宅で150万~200万円程度は解体費として必要です。もう少し細かく言うと、**一般的に住宅の解体費用は、1坪3万~4万5000円ほど**です。トラック等が横付けできるほどのスペースがあるかや、近隣の建物との近さなどによっても変わります。

さらに、地域や土地の状態などで金額は変わりますので、正確な金額を把握するためには、解体業者による解体費見積りと、不動産業者（建築業者）の買取り見積りが不可欠です。また、樹木の処分や整地費用も必要ですので、これらも個別で見積りをとりましょう。

○更地貸しで有利な土地

では、更地にして有利なのはどのような土地なのでしょうか？　当然、首都圏や中核都市なら売却も賃貸も需要がありますが、立地がよければ人口密集地でなくても賃貸できることがあります。

意外に有利なのが、幹線道路沿いの敷地です。

近年は、そうした土地がコンビニ用地や老人施設用地として需要があるので、希望する業者を見つけやすくなっていますし、不動産業者に聞けば購入したいと話を持ちかけられることもありえます。

住宅用地への軽減措置がなくなる分、固定資産税は上がりますが、更地貸しは長期的な投資がいりませんし、需要があるなら賃料収入でまかなえるはずです。こうした土地をお持ちであれば、不動産業者などと相談してみてはいかがでしょうか。

○古民家再生をすすめる建築業者は危険

近年は古い建物や古民家再生を謳う建築業者が増えていますが、前述のとおり、多額のリフォーム費用が必要な場合は、費用を回収するのは困難ですし、購入者は極めて少ないのが現状です。

建物を褒めてくれる建築業者へ「あなたに売りますよ」と言っても、「もったいない」とか、「身の丈に合わない」などと言われるのがオチで、要は自分では欲しくないというのが本音です。

結局は修繕やリノベーションを勧められるわけですが、業者はそのリフォームや修繕の仕事をとりたいだけです。古い建物の修繕は非常に高額になるので、業者からすればおいしい話ですが、売却時にこの費用を上乗せしようとしても、立地が悪ければ購入者はつかないでしょう。

もちろん、そのままだと台風の季節や、降雪期に大きく劣化することがありますので、放っておくのは危険です。古い住宅の対策としては、無理にお金をかけずに、適正価格より安めであっても売却するか、解体して土地を売ったり貸したりすることをおすすめします。

○田舎暮らし希望者に売る方法

以前は考えられないことでしたが、ここ数年は田舎暮らし関連の本やテレビ番組の影響で、都会から田舎へ移住を考える人が増えている地域があります。

都会よりも生活費が安く、自家製の野菜を食べながら心にゆとりをもって生活ができるとして、年金暮らしには夢の生活のように宣伝される田舎暮らし。しかし、よく調べると田舎暮らしに馴染めず、2年以内に3分の2以上が都会へ戻る地域もあったり、移住する人数自体が少ないなどで、**実際に住宅を売却するのは困難**なのが実情です。

こうした情報は、田舎暮らしを検討している人であれば一度は耳にしたことがあるかもしれません。こんなことを聞いては、不安を抱くのも無理はありませんし、実際に田舎の住宅を購入する人は減少してきています。

それでも、「すぐに購入するのは怖いけど賃貸で試してみたい」という方に向けて貸して、

東京での介護者不足を補うため推奨された地方への移住
（日本創成会議による提言より）

国立社会保障・人口問題研究所の試算によると、
・2025年には全国で43万人の介護難民が発生
・2025年の東京圏の介護需要は45.0%増えて172万人となり東京圏の介護難民は13万人になると予想されている

移住を推奨された全国の都市41
（施設や人材に余裕がある23都道府県）

北海道：帯広市、旭川市、釧路市、室蘭市、函館市、（北見市）
東北：青森市、秋田市、山形市、弘前市、（盛岡市）
中部：上越市、富山市、高岡市、福井市、（金沢市）
近畿：和歌山市、福知山市
中国：岡山市、鳥取市、米子市、松江市、宇部市、（山口市、下関市）
四国：高知市、坂出市、三豊市、徳島市、新居浜市、松山市、高松市
九州・沖縄：別府市、大牟田市、北九州市、鳥栖市、宮古島市、八代市、（熊本市、長崎市、鹿児島市）

※今後増減する可能性があり
括弧つきの都市は、準備次第で受け入れ可能な都市

気に入ったら買ってもらうという方法があります。田舎暮らしを考える人への心理的な負担が小さく、家族全員の積極的な同意がなくても移住できる確率が大きく上がります。

貸す側からすると、人が住むことで多少傷みがあっても特定空き家に指定されることがなくなりますから、修繕費等の負担があるとはいえ、賃貸が成立すればリスクは小さいでしょう。

ただ、移住家族の希望に沿ってリフォームしてしまうと、買ってもらえない時に損失が発生します。もしもリフォーム条件で購入前提の賃貸契約が結べそうな場合は、「最初の○カ月は賃料0円としますので、ご自分でリフォームして下さい」と頼めばリスクは回避できます。

移住者が自分のお金でリフォームすることで愛着がわく可能性が高まりますし、「せっかく直したのだから、もう少し住んでみよう」と考えてもらえる効果があります。そうすると、結果的に定住率が上がったり、賃貸をやめてもリフォームされた建物が残るので、双方が納得できるはずです。

◯介護難民に買ってもらうのは難しい

昨今は、首都圏を中心に高齢者用の介護施設が不足してきています。問題解決のためには地方への移住が必要だと論じるメディアもありました。

しかし、今後、医療・介護施設の不足によって移住する人が、本当に増えるのでしょうか？　まだはっきりしたことはわかりませんが、過疎地域の人口減少スピード以上に移住者数が増える地域は少ないでしょう。

それに、たとえ移住者を見込める地域であっても、高齢者向けの建物は基準が厳しく、整備が大変です。段差をなくしたり手すりをつけたりした程度ではだめで、浴槽やキッチンの状態も高齢者向けに整備しないと、売却まで進む可能性は極めて低いのが現状です。

需要があっても、修繕や改築が必要になって建物とのミスマッチが予想されますし、現実的に考えて、経済力のある高齢者は、住みやすい場所や直系親族の住む場所の近くで介護を受けるはずです。一人暮らし、もしくは夫婦向けにするのであれば、交通機関、食料品店、医療機関などを備えた、利便性の高い地域である必要もありますので、活用できる

今後の高齢者人口の見通しについて（厚生労働省）

・65歳以上の高齢者
2025年には3657万人となり、2042年にはピークを迎える予測（3878万人）
・75歳以上の高齢者
全人口に占める割合は増加していき、2055年には、25%を超える見込み

	2012年8月	2015年	2025年	2055年
65歳以上高齢者人口（全人口に占める割合）	3058万人（24.0%）	3395万人（26.8%）	3657万人（30.3%）	3626万人（39.4%）
75歳以上高齢者人口（全人口に占める割合）	1511万人（11.8%）	1646万人（13.0%）	2179万人（18.1%）	2401万人（26.1%）

住宅は自ずと限られてきます。

と、マイナスポイントばかり挙げましたが、利益を出せる可能性もあります。

国土交通省の「平成26年度住宅市場動向調査」によると、中古住宅や賃貸住宅はバリアフリー化が遅れており、高齢者対応設備を整備している割合が低いのです。高齢者対応設備とは、トイレや浴室、廊下などの2箇所以上に手すりが設置されている、室内に段差がない、廊下幅が車椅子で通行可能である設備のことで、高齢者が住んでいる賃貸住宅でも、10パーセントを切ります。そのため、バリアフリー化によって差別化をはかることが可能です。

ただ、寒冷地では「バリアフリー化＋断熱性が高い建物」でないと市場価値が上がるとは言い切れ

ませんので、高い修繕費用のせいで元がとれないというリスクもあります。

どちらにしても、土地や建物の相場が上がることはほとんどありませんし、高齢者への需要があっても、これからは日本全体が人口減少に突入し、2025年過ぎからは高齢者の人口増加ペースも鈍化するという試算が出ていますので（165ページ図）、早期に売却をするのが一番賢い方法となりそうです。

○売れない住宅・接道義務を満たしていない土地を手放す方法

152ページで紹介したとおり、接道義務を満たしていない敷地等は、不動産買取業者に売却しようとしても、断られたり、値段がつかない場合があります。最終手段として駐車場に活用する方法を紹介しましたが、ここでは必要ないから手放したいという方に向けた対策も見ていきたいと思います。

まずは、隣地の人に買ってもらうという方法があげられます。

ご近所に住宅や土地の売却を持ちかけるのには抵抗がある人もいるかもしれませんが、

近隣の住宅であれば、同じような土地利用をして基準を満たしていない場合が少なくないので、建築基準法の規定について説明すれば、買い取ってもらえる可能性は上がるでしょう。しつこく話すとトラブルになりかねないので、部屋数や駐車場が不足しているタイミングで提案してみてはいかがでしょうか。

逆に、道と接している隣地を買い取る方法もあります。一体の土地にすれば建て替えができるので、接道義務を満たして業者に売ることが可能です。先述したとおり、接道箇所が狭い敷地は、居住用住宅の需要があることが多いため、中古物件として売ることも不可能ではないでしょう。

○大きくて活用に困っている建物はペット可に

狭い空き家の処分も困りますが、大きい空き家に手を焼いている人も少なくありません。昨今は家族構成が変わり、大家族が減ってしまいました。核家族、単身世帯が増えた影響で、大きな中古住宅は、現在最も需要が減っています。よほどいい立地でなければ、そのままで使うにも、売却するにも難しい資産です。

いい面としては、極端な過疎地域を除いて、大きな賃貸用住宅が少ないため、探している人にとっては貴重な建物である点です。売却できなかったり、解体費用のかかる場合は大家族向けの安価な賃貸住宅にするのも一つの手です。

しかし、105ページでも触れたとおり、家賃が安い住宅ほど滞納率が高いのも事実で、経済的なリスクがあります。

また、最近よく言われる「高齢者用のシェアハウスにする」という方法も、リフォーム資金が回収できなくなる危険があるので、おすすめできません。

ではどのような活用方法があるのでしょうか？　売り手のつかない広い家で、もっとも活用できる可能性があるのは、**ペットと共に暮らせる住宅にする**ことです（106ページ参照）。2000年以降、ペット診療所の数は約1・5倍となり、屋内飼育のペットが増え、子どもの人口よりもペットの数が多い地域もあるほど大きな市場となっています。

ペットを飼育するのにもっとも適しているのは、言うまでもなく広い建物です。元気に動き回れるだけでなく、広い住宅は比較的音が近隣に漏れにくく、近隣とのトラブルを回避しやすいというメリットがあります。そのため、今後もペット向け賃貸市場は需要があると予想できます。

○広い敷地の手放し方①個人用住宅用地として売る

今度は、広い敷地を相続したというケース、もしくは住宅の敷地の一部を手放したいときの対策を考えてみたいと思います。

空き地や田んぼなどは、地方では所有している人も珍しくないでしょう。一般的には、敷地が広い土地は資産的評価が高いのですが、その分固定資産税の支払額や維持管理費が大きくなりがちです。大きな庭木や池があれば、年間の維持費・処分費が数十万～数百万円になることもあるぐらいです。

こうした土地を売却するには、個人用住宅用地として売るという選択肢があります。商業的価値の高いエリアならマンション用地や店舗用地として歓迎されますが、そんな地域は数が限られていますので、個人用住宅用地として売り出すことを考えましょう。

一番簡単なのは、不動産業者や建築業者への一括売却です。一切そのままで売却して、不動産業者等が荷物があれば荷物を処分、建物を解体、土地を整地、土地を分筆・分譲して販売する方法です。価格は安くなりますが、何もしないで早期に売却（処分）することができます。

ちなみに、土地を複数の人に分けて売る方が買い手がつきやすそうだと思う方もいるかもしれませんが、個人ではそれはできません。売主が宅地建物取引業者でない場合、2度以上の売却、つまり分譲は法律で禁じられており、広いままで一括売却しなくてはならないのです。

そのため、まずは宅地建物取引業者へ売却して、業者が土地を分割して販売（分譲）することになります。ただ、そうなると、業者への支払だけでなく、分筆費用や整地費用等も必要になり、最終的な売却価格は想像よりも安くなることが多いのです。

しかし、事前に準備が必要ですが、広い敷地を高く売る方法もあることにはあります。

それが**相続時に複数人が別々に取得して、個々に販売する**という方法です。前述のとおり、基本的には個人が分譲・分割して売却することは法律で禁じられていますが、相続時から所有者がバラバラであれば、認められる場合もあります。

他にも、敷地と建物のバランスによっては、一部の土地を建物と一緒に売却して、残った部分を土地として分筆して売却することができる場合もあります。ただ、これらの方法は若干グレーゾーンでもありますので、詳細は不動産会社や税理士など、専門家と相談してから行いましょう。

○広い敷地の手放し方②介護施設へ賃貸・寄付する

また、たとえ市街地から離れていて一般的な資産活用が困難と思われる場所であっても、**老人ホーム等の施設用地として低賃料で賃貸に活用する**方法があります。

建築基準法の制限により、一般の住宅は建築できない場所がありますが、介護施設は別です。利便性の低い土地であっても、老人ホームのように必要とされる施設であれば、建設の許可が出やすいのです。

しかも、老人ホームなどは居住用施設なので、固定資産税の軽減措置が適用され、評価額の6分の1で済みます。さらに、社会福祉法人が老人ホームを所有する場合、固定資産税はかかりませんので、交渉次第で買い取ってもらえる可能性もあります。もし、賃貸や売却がだめだったら、寄付を打診してみましょう。

介護人口は今後20年以上増えると予想されていますが、全国的に介護事業の利益率は低下しており、土地を購入するほどの余裕がない事業者もいます。売れずに残った土地は、そうした事業者に向けて寄付してみてはいかがでしょうか。もし、建物も残っているのであれば、事務所として利用してもらえる可能性もあるので、地域の介護事業者を探して話を提案してみることをおすすめします。

○アパート建築はリスクが高い

広い土地の活用法として逆に危ないのが、賃貸物件を建設することです。賃貸経営と呼ぶ業者が多いようですが、要は不動産投資のことです。

1章でも触れたとおり、現在は住宅余りが続いており、新築であっても利便性が低ければ長期的に見て採算は取れませんし、売却に出しても資金は回収できないことがほとんどです。賃貸経営と呼んでいても、現実的に決めることができるのは賃料（それも値下げの時）くらいです。一度アパートを建ててしまうと間取りの変更や用途変更は難しく、15年以上のスパンを経なければ赤字になることが多いのが現状です。

不動産投資で儲けるには、投資対象を慎重に選び、ある程度の配当（家賃）を比較的安定して得ることができなければいけません。

しかし、持っている土地にアパートを建てたところで、途中で修正できる事柄が非常に少なく、ダメだった場合の対応が取りづらいのです。そのため、人口減少が進む地域では、損切り売却すら難しいケースが増えており、20～30年の償却年数を要するような建築計画は成立しにくく、相続税対策にしかならない時代になっています。

○地盤の悪い場所は今すぐ処分

近年は、震災などの影響で湿地や埋立地など、地盤の悪い土地の影響が知られるように

土砂災害警戒区域（イエローゾーン）

指定されると
・災害時の警告や避難方法が定められる
・ハザードマップが作成される
・不動産取引の際は、警戒区域であることを伝える等

土砂災害特別警戒区域（レッドゾーン）

指定されると
・住宅、社会福祉施設、幼稚園、病院などは知事の許可が必要
・建築物の構造規制・建築確認
・建築物などの移転の勧告及び支援措置
支援措置としては、住宅金融公庫の融資やがけ地近接等危険住宅移転事業による補助を受けることができる
・知事の許可を受けなければ宅地の売買などの契約の締結が行えない
・売買などにあたり特定開発行為の許可について重要事項説明を行うことが義務づけられている等

なってきました。海の近くや田んぼ周辺の分譲地には、本来は安全とは言えない土地を、当時の規制ギリギリで造成工事して販売されたものも多く含まれています。

しかも、2014年に土砂災害防止法が改正されたことにより、「土砂災害特別警戒区域」が設定され、土砂災害の危険性がある地域は、住宅の建て替えができなくなってきています。

特別警戒区域内は、建築物の移転勧告が出ることもありますし、売却時の告知事項として土地の危険性を周知しないといけないので、以前より売却するのは難しくなっています。

こうした土地は、その地域の人口減少が進むと資産としての価値がなくなります。また、災害の危険性の高い土地に住んでいる人に対して、市町村や国が今後も社会インフラを維持してくれる可能性は低いでしょう。

残念ながら、地盤が悪いせいで建て替えのできない土地は、早めに売却しないと永久に売れないリスクがあるので、買取業者などを利用してすぐに処分を考えましょう。

○公共施設に寄付する

どうしても手放せない、もしくはお金はいいから早く手放したいという方は、寄付を検討してみてはいかがでしょうか。

基本的に自治体が不動産の寄付を受けることはほとんどなくなっていますが、多少可能性があるのが、公共施設の周辺にある場合です。

特に郵便局は、各地域に必ずありますし、敷地が狭く職員の駐車スペースが不足している場合が少なくありません。郵政民営化前からの特定郵便局（住宅地などにある小規模な郵便局）は、世襲の自営業の性格を持っていることがありますので、その局長の判断で決められる場合があります。

○特定の法人に寄付する

また、寄付先として、神社やお寺のような宗教法人を頼る方法はよく知られています。宗教法人は境内地などが非課税なので、隣接地であれば他の団体よりも寄付を受けてくれやすいといわれています。

特に可能性が高いのが、駐車場や社務所の建設等の利用価値がある場合です。この場合、隣接地でなくとも寄付を受けてもらえることがあります。

宗教法人からすれば、葬儀はもちろん、お盆やお正月、彼岸など、まとまって人が集まることが多いので、駐車場などに使える敷地にはメリットがあります。ですので、話してみるだけの価値はあると思います。

他にも医療法人、社会福祉法人、学校法人も、固定資産税の一部が優遇を受けられる団体です。従業員の駐車場用地を想定して寄付を申し出てみると、意外に簡単に受け取ってもらえる場合がありますので、試してみてはいかがでしょうか。

○自治体による支援策を利用する

さて、ここまで紹介してきた対策には、解体やリフォーム、不用品の処分などが不可欠で、まとまったお金が必要です。売却や賃貸によってお金が入るにしても、事前に大金が必要なことに変わりはありません。こうした資金を集めるために、銀行でお金を借りたりするのに抵抗を感じる人もいるでしょう。

そうした住民の声に応えるかたちで、自治体によって様々な支援策がうちだされています。多くの自治体が解体費やリフォーム代の補助をしており、人口減少の激しい自治体では、人口減を食い止めるために定住支援策を講じています。数万～百万円以上の助成金も今や珍しくなく、居住年数等により土地と建物を無償譲渡する自治体まであります。

こうした支援策を使わない手はありません。うまく組み合わせて利用できれば２００万

自治体による支援策

- ・リフォーム費用の補助……工事費用の10%～、最大350万円など
- ・3世代同居リフォーム減税の導入（内閣府発表）……借入金の年末残高の1～2パーセント
- **・不要物処分費の補助**……10万円など
- **・家賃の補助**……3・5万円など
- ・浄化槽設置助成金……68万円など
- ・定住促進支援金……100万円など
- ・貸付後に住宅地の無償譲渡する事業……20年の賃貸後など
- ・新規就農奨励金……100万円など
- ・中高生の通学費助成金……5000円／月など
- **・空き家登録奨励金**……5万円など
- **・解体費用の補助**……50万円（費用の1／2）など
- **・不動産仲介料の補助**……5万円など
- ・既存住宅インスペクション（現状検査）費用の補助……3万円（費用の1／2）など

※太字の補助等は所有者（売主・貸主）にとってメリットの大きい助成
重複して申請できるものも多くあるが、事前の申請が必要なものや、
自治体によって制度の違いがあるため、確認が必要

円以上の支援を受けることまでできます。支援金の種類と金額は１７８ページにまとめましたので、気になる箇所からお読みいただいて、積極的に活用しましょう。

リフォーム費用の補助

空き家の機能向上のための費用を自治体が負担してくれる制度です。概ね費用20万～50万円を上限として、費用の２分の１までの金額としている自治体が多いようです。トイレ改修やキッチンの改修等、一部のリフォームで特に有効な制度です。借主や買い主が申請すると補助金の上限が３５０万円に増える自治体や、費用の２分の１までという制限がなくなる自治体もあるので、上手に利用できれば住宅の価値を大きく向上することができます。

３世代同居リフォーム減税の導入（内閣府発表）

３世代同居に対応してリフォームをした人には、工事費の10パーセント程度を所得税から控除したり、ローン残高の一定割合を所得税額から控除する制度です。

これによって、古い中古住宅の購入者（所有者）に対しても、新築住宅に近い割合で減税の恩恵を受けることが可能になります。比較的大きい建物の売買に際して、心理的なお買い得感が増すでしょう。

家賃の助成

空き家対策に乗り出した自治体の中には、居住者への家賃補助をして入居者を増やそうと試みているところがあります。一般の借家に対しても月に2万円（家賃の3分の1以内）の助成金を出しているところがありますが、空き家への家賃補助はその金額を上回る場合があり、3万5000円以上（家賃の2分の1）になることもあります。

自治体の狙いは、家賃補助を利用してもらってお試し移住を経験してもらうことで、空き家を活用し人口減少に歯止めをかけることです。移住支援策の一つとして家賃補助を出す自治体は増えていますので、相続した空き家がある自治体に、助成金があるか電話で聞いてみてはいかがでしょうか。

不要物処分費の補助

空き家にある不要物処分にかかる費用を自治体が補助してくれる制度です。

上限額は10万円程度で、空き家の所有者が申請すれば対応してくれます。空き家を売却するにしろ、賃貸にするにしろ、不用品の処分は欠かせないので、大変便利な制度です。処分費の補助がある自治体であれば早期に利用することをおすすめします。

浄化槽設置費用の補助

下水道が整備されていない地域では、浄化槽の設置が大きな負担になるので、補助金が必要だと判断している自治体が多いようです。

補助金額は、大きい自治体でなんと60万円以上。しかも、「工事費の○パーセントまで」という制限がない自治体が多くあります。

また、転入者には浄化槽設置の奨励金として20万円が加算されることもありますので、下水道の通っていない地域であれば欠かせない、大きな補助策となっています。

浄化槽のトイレに抵抗を抱く人もいるかもしれませんが、器具等は一般的な下水道のものと全く同じものを使い、利用方法も全く同じなので、普段使用する分には問題ないでしょう。

下水道との違いは、年に数回浄化槽の清掃が必要になる点で、清掃費が必要になります。といっても、下水道使用料金より大幅に安価で、維持費も安くすむようです。特に植木や畑、洗車等に大量の水を利用する場合には大きな経済的メリットとなるでしょう。

定住促進支援金

土地建物を購入して居住（定住）する者に対する支援金です。多くの自治体で100万円程度が支給されており、希望者からすれば非常に大きな金額です。

他にも未就学児一人当たり10万円を支給する自治体がありますし、若者を呼び込むために40歳未満の定住者への支援金額を大きくしている自治体も多くあります。こうした情報を自治体に聞いておけば、不動産会社で売却や賃貸の話をする際に、ある程度金額をあげることができるかもしれません。

新規就農助成金

農林水産就業（就農）補助金や起業の補助金です。これも金額が大きく、50万～100万円を助成する自治体が少なくありません。複数年で受給できるものもあるので、目的や考え方の合う人にはメリットがあります。退職後のUターンや、年金受給年齢での移住と共に利用できれば効果倍増になるでしょう。

中高生の通学費助成金

空き家の多い地域では、廃校などによって通学に不便な場所もあり、購入者にとって不安の種です。

そこで、そうした負担を軽減するために設けられたのが、通学費助成金です。

金額は距離に応じて変化しますが、3000～5000円、もしくは一定額を超えた分を支給するなど様々です。こうした通学費の助成がある地域は、バス等の公共交通の維持に自治体が関与している可能性が高いため、急に路線が減ることは少ないはずです。

空き家登録奨励金

空き家所有者が空き家バンクに登録する時や、契約の成立時に支給される金銭です。支給金額は2万～5万円となっている場合が多いようです。自治体によっては所有者が直接もらえる金銭となっていることもあり、使いやすい制度です。

解体費用の補助

上限50万～100万円を自治体が補助してくれる制度です。場合によっては空き家の解体費の半分程度をまかなうことができますから、補助がどんどん出れば解体はかなり進むでしょう。

しかし、多くの自治体では予算の都合がつかずに利用できる戸数が少ないのが現状です。1年に2件しか補助がでなかった自治体もあるほどですから、申請しても受給できる可能性は低いでしょう。補助金をもらうためには、解体の必要性を担当者へ説明するぐらいしかないでしょう。

しかも、申請書に記載する事項として、所有者の所得や預貯金、自動車の所有、ゴルフ会員権など、関係があるのかわからないことを書かせる自治体もあります。あまり期待せずに、とりあえず相談してみる程度でいいと思います。

契約の仲介料補助

実際の売却や賃貸に際して、ほとんどの自治体は直接関与しない姿勢を崩しません。土地や住宅を調査したり、契約書を作成する作業は困難になることがあるため、自治体はなるべく関与しないようにしています。

ただ、自治体も、何もしないわけではありません。売主と購入希望者とのトラブルを回避するため、宅地建物取引業者への仲介料補助を行なっていることがあります。

仲介料全額を負担してくれるわけではありませんが、上限５万円ほどの補助はしてくれます。契約書の作成を宅地建物取引業者に頼むのであれば、役に立つでしょう。

ただ、自治体によって制度は大きく異なりますし、年度ごとに変化する地域もありますので、利用年度に合わせて確認することにしましょう。

さて、自治体の補助や支援策について、主なものを紹介しましたが、どの自治体もまだまだ手探りな段階ですので、対策は地域ごとに異なり、利用者のニーズに合わせて年々変化しています。

近年は拡大している支援事業もあるので、自治体の政策に目を向けておくことが大事です。特に、年度替わり（4月～6月）に調べると得する制度が増えていたりします。制度の希望者が多いと対応してもらうまでに時間がかかるかもしれませんので、自分に有利な補助策を見つけたら、早めに申請するのが上手に利用するコツです。

第6章

空き家マンションの手放し方

○マンションは特殊な資産

マンションは特殊な資産です。管理組合総会の議決によって修繕や取壊しまで決まってしまい、その費用負担も専有面積等によって強制的に決められてしまう。

その反面、流動性の高いものも多く、人口密集地であれば、いつでもある程度の資産価値が見込めて、換金性が高く、近くへの住み替えも容易です。賃貸にする場合も、専有スペース内のリフォームやリノベーション費用が少なくすみます。

しかし、昨今は戸建住宅と同様、マンションも居住者が減少し、空き家化が問題になっています。総務省の2008年の調査によると、全空家数757万戸のうち、462万戸が、マンションなどの共同住宅の空き家でした。賃貸が中心のようですが、全体の6割を占めるほど空家数が多いのです。

ただ、使わないマンションを相続して持っていたとしても、戸建住宅ほど特定空き家に指定されるリスクは大きくありません。空き家対策法の規定では、**マンションなどの共同住宅は、棟単位で空き家かどうかを判断**します。つまり、1戸だけが空き家になっていても、特定空き家に指定されることはないということです。

とはいえ、マンションの修繕計画や費用については、通常は管理規定で定められており、適切な管理をしていなければ、管理費や修繕積立金以外の費用も請求される可能性があります。

また、適切に管理をしていたとしても、マンション全体の空き家率が高い場合、資産価値はどんどん低下します。１棟の空き家率が高くなれば、管理組合の維持も難しくなり、管理体制の劣化、管理費の増額なども考えられますので、使用する予定がなかったり、資産活用を考えているのであれば、早めの対応が求められます。

そこで本章では、はじめに分譲マンション所有者向けに維持管理法で注意すべき点や、管理人や組合との付き合いなど、空き家マンションの対策を紹介していきます。

また、事故物件と見なされた場合の対処法やリノベーションの方法などの活用方法、さらには建物の所有者向けに空き家化を避ける維持管理のポイントを紹介していきます。投資用に所有しているという方や、相続で建物の所有権を承継した方などは、こちらをご覧ください。

○最初にすべきこと

まずは分譲マンションを相続した、もしくはするかもしれないという方向けに、はじめにとるべき対応を紹介します。

マンションに住まない場合、真っ先に直面するのが、管理費や修繕積立金（駐車場）など毎月必要な費用に関する情報整理です。管理費だけで少なくとも1万円以上、修繕積立金等を含めると、一般的には2万5000～6万円以上の出費があるでしょう。まずはこうした費用や振込み口座のチェックをしましょう。

マンションの修繕積立金は、概ね10～15年に一度の大修繕を想定して決められています。ここ数年は頻発する震災による資材不足に加え、円安による資材の高騰、東京オリンピック需要による人件費の高騰などによって、2011年よりも3割ほど修繕費が上がっていると言われています。基本的に、住んでいなくても管理費や修繕積立金は発生します。**一度払った管理費や修繕積立金は返金してもらえません**ので、利用する予定がないのであれば、解約できるものは解約を考えた方がいいでしょう。

マンション総合調査結果（国土交通省）

・マンション居住の状況世帯主の年齢
60歳代以上：50.1%
その中で70歳以上：18.9%
・管理費等の滞納が発生していないマンション：56.1%
・修繕計画25年以上の長期修繕計画に基づき修繕積立金の額を設定している割合：46%
・トラブルの発生状況
居住者間のマナー：55.9%
建物の不具合：31.0%
費用負担：28.0%
特にトラブルなし：26.9%
管理組合の運営：13.1%
近隣関係：12.8%

利用予定がないのであれば、戸建住宅の対処法と同じく、相続や所有権に関することと、税金、電気ガス水道等、必要な手続きを早めに終わらせ、不必要な契約はすぐに解約すべきです。

ただ、**敷地内の駐車場**については検討が必要です。というのも、一度解約してしまうと他の人に貸されてしまうので、貸したい、売りたいと思ったときに空きがないと、結果的に売却価格が大きく下がる場合があるのです。

さて、こうした確認作業をするにあたって、住宅状況の把握のために管理人や管理組合の役員と顔を合わせることになると思います。

管理人、もしくは管理会社の役割は、共有部分の管理です。簡易な清掃や修繕、設備の点検・検査の立会い、ゴミ置き場の管理、電球交換、草むしりの他、理事会・総会の支援業務、会計出納業務、敷地内の巡回などその業務は多岐にわたります。

もう一方の管理組合は、マンション居住者が円滑に生活できるよう、所有者同士で構成する管理組織のことで、法律により設置が義務付けられています。マンションの所有者全員が組合員となる決まりで、役員になるとルールづくりを牽引することになります。

しばらくマンションを維持するにしろ、賃貸や売却で活用するにしろ、管理人と仲良くしていれば、建て替え、大規模修繕、同一フロア内や近隣住民のトラブル、敷地内外の駐車場の利用状況など、多くの情報を得られます。トラブル回避にも役立ちますから、今後の活用法について簡単に説明しておいてもいいと思います。

ただ、なんでもかんでも管理人に頼ると印象が悪くなるのでやめましょう。郵便物等の転送（預り）を当然のように頼む方もいますが、管理人は共有部分の管理をするのが仕事です。郵便や宅配の引取りは、管理規約等で定められている場合以外はできません。

何かを教えてもらったりはできますが、それ以外で頼みたいことがあれば、いいお付き合いを心がけて、個人的なお願いとして聞き入れてもらえるようにしましょう。

○簡単にできる分譲マンションの維持管理

手続きを終え、情報を整理できたら、劣化を防ぐための基本的な維持管理に移りましょう。管理組合によって修繕計画や清掃などは管理されているので、戸建住宅ほど劣化のスピードは速くありませんし、建物全体を心配する必要はありません。

ですので必要なのは、専有部分（分譲された分）の維持管理です。基本的には、3章で紹介した戸建住宅の維持管理法と同じですが、いくつか異なる点もありますので、順に見ていきましょう。

まず、上下左右に居住部屋があるマンションは、戸建て住宅よりも温度変化が小さいので、寒暖差によるカビの発生は少なく、戸建住宅ほど頻繁に換気を行う必要はありません。

しかし、季節の変化で温度や湿度が変わる場合は注意が必要です。湿度が上がる梅雨の前後と、乾燥する冬期には換気をするようにしましょう。そのときに水道管の通水と、排水口の掃除もしておけば、対策としては大丈夫です。特に、断熱ガラスでない部屋は寒暖の差が大きいので注意が必要です。

また、**ベランダの清掃**にも特に注意を払いましょう。きちんと管理をしているつもりでも、外部に接している分、風雨や鳥獣のフンで汚れがたまりやすいため、予防策を講じておくことをおすすめします。

テレビ等では、鳥獣対策として、磁石を吊るしたり、CDを吊るしたり、釣り糸を張ったりといった例が紹介されますが、ハトやカラスなどの人間に慣れた動物に対しては、長期間の効果はあまりありません。

対策グッズは色々と売られていますが、間違いないのは、**ネットで覆う**方法です。侵入路を塞げば人間に慣れた鳥も撃退できますので、インターネットやホームセンターなどで調べてみてはいかがでしょうか。

○マンションは戸建住宅より楽に手放せる

簡単な維持管理を行ったら、今度はそのマンションをどうすべきかを考えましょう。

現実的に考えて、マンションを維持管理して保全しようとする場合、税金と維持費に加え、管理費や修繕積立金、駐車場利用料などが必要になるため、お金がみるみる減ってしまうリスクがあります。特に低層のマンションは管理戸数が少なく、1戸当たりの管理費が高くなりやすいため、管理費だけで毎月10万円以上必要になることもあります。

そのため、資産活用を考えるのであれば、早めに賃貸活用か売却する方がいいでしょう。

一番楽なのは、売却することです。マンションは立地を重視して建てられることがほとんどですので、買い手もつきやすく、解体や修繕など大規模な工事も必要ないので、リスクが低くすみます（不動産会社との売却のやりとりについては、基本的には戸建住宅の場合と同じですので、112ページを参考にしてください）。

また、都市部のマンションであれば、家賃を下げれば借り手が見つかることが多いので、賃貸物件として不動産会社に相談するのもいいかもしれません。

多少のリフォームが必要でも、マンションは戸建て住宅に比べ、管理が行き届いており、小さな費用で利用価値を上げやすいので、ローリスクでリターンが期待できます。利便性の高い場所であれば、積極的に行うことができるでしょう。地方に比べて所有リスクは小さく、安全な資産と考えられます。

ただ、リフォーム業者選びには、戸建住宅とは別の理由から少し注意が必要です。前述したとおり、最近は材料費が高騰しており、工事が増えたにもかかわらず熟練した作業員が不足して人件費も上がっています。２０２０年の東京オリンピックも人手不足に拍車をかけているので、全ての工事費が高くなっています。

このことから、格安業者の多くは経験が浅く技術の未熟な職人が多くなってきています。現場を知らない営業担当者は、職人の経験値についてきちんと把握せずに安さでゴリ押ししてくるので、契約には今まで以上に注意が必要です。安いにはそれなりの理由がありますが、職人の経験値や作業内容についてきちんと説明できる担当者であれば、トラブルは少ないかもしれません。

○マンションをリフォーム・リノベーションして資産価値を上げる

マンションリフォームは、住宅よりもリフォーム面積が小さくすむため、小さな投資で大きなリターンを得やすい手法です。使っていないマンションはダイヤの原石かもしれません。

マンションのリフォームの利点は、まず、戸建住宅と異なり、キッチンや浴槽等の交換と壁紙の張り替えだけで新築住宅と見紛うレベルにすることができる点です。

しかも、一戸建てに必要な費用の半分～10分の1以下で商品力を上げることも可能です。さらに戸建住宅と異なり、賃貸利用をする人も多いですし、賃借居住の顧客は、ある程度使いやすく、見た目が綺麗であれば契約を結んでくれることが少なくないのです。

では、実際にリフォーム工事をするにはどのような手続きが必要なのでしょうか?

多くのマンションでは、事前に管理組合等への工事届け出が義務付けられています。また、規約によっては防音に関する規定があったり火災報知機等の移動報告義務があったりします。

いずれにせよ、トラブルを起こさないためには、管理組合や近隣住民との情報共有が不可欠です。専有部分であってもエレベーターや廊下・駐車スペースの利用が重ならないか？　工事内容が適切かどうか？　等、問題が発生しないように事前にきちんと協議をしましょう。

注意点として、工事の契約には図面や工程表等が必要になることがあるのですが、**不得手な業者や悪質な業者は図面等に別料金として3万～15万円以上を請求する場合があります**。しかし、図面は業者に頼まなくてもマンションの管理組合に保管されていますので、要求に応える必要はありませんし、心配なら他社と契約した方がいいでしょう。もしくは、工事の契約書に「管理組合との協議・届け出の一切を含む」と記載しましょう。

○不動産業者との関係が賃貸時の入居率を左右する

リフォームして賃貸住宅として売り出すことになっても、すぐに借り手が現れるとは限りません。新築のマンションが毎月のように建てられている環境で、中古のマンションに目を向けてもらうには、不動産業者の協力が不可欠です。

もちろん業者は、仲介の依頼があればきちんと仕事をしてくれますが、彼らも人間ですから、依頼人の態度でやる気は変わります。この金額で売れ、早く売れなど、自分勝手な要求ばかりをする人は、当然ながら敬遠されてしまいます。

心証をよくするためには、使い古した手法ですが、不動産業者の接客担当者へお菓子や土産物などを渡す方法が有効です。渡したものにお金がかかっていなくても、頂き物への感謝の念でやる気を出す人は多いので、単純ですが効果があります。

賃貸の場合、入居者の入れ替わりが想定されるので、不動産業者との付き合いも自然と長くなります。そうなると、契約時のトラブルはもちろん、退去時の敷金返還で借主と揉めたりすると、不動産業者にうるさい家主と思われて、入居率が下がることは多くあります。

そんなことで、と思う方もいるとは思いますが、人の感情ばかりは思うようにいかないものですから、ここは冷静になって、自分にプラスになるような対応をしましょう。やさしい家主さんと思われるだけでも入居率が上がる可能性がありますので、おべっかを使う必要はありませんが、担当者とは良好な関係を築くように心がけましょう。

○低層マンションは意外に売れる？

低層で管理戸数の少ないマンションは管理費が高くなる傾向があります。管理人さんへの報酬だけでなく、エレベーターの維持費や貯水施設の維持管理費も一戸当たりの負担が大きいためです。買った時には普通の管理費でも、数年後に値上げになる例もみられます。

メリットは、建て替えの時に高層マンション化できるので**建て替え時の負担金が小さくすむ**ことです。予想よりも高く売却できる可能性があるので、思ったよりも資産価値が高いかもしれません。この場合は賃貸と売却、どちらも有効です。

ただし、近隣にも低層マンションが多い場合は、注意が必要です。というのも、地盤が悪かったり、法律の規制によって高層化できない可能性があるからです。このケースでは利用予定がなければ安くても早期売却するのが一番のリスク回避になります。

○手放しにくいのはどんなマンション？

ただ、戸建住宅と同じように、立地がいいマンションでも、建物の状態や種類によってリスクが異なるので、状態別に対策を変える必要があります。

簡単に分類すると、

①そのままでも利活用価値のあるマンション
②大規模修繕や建て替えが必要なマンション
③利活用が困難なマンション

この3つにどのマンションも当てはまるはずです。

①については問題ないでしょう。利活用可能なものは、売却も含めて自由に考えることができますので、資産価値を考慮して、子息に譲るなり、賃貸にだすなりして積極的に活用しましょう。

注意点としては、利便施設やショッピングセンター、雇用を生む施設（会社）が近くにあっても、他の場所に新しい施設ができれば人の流れは変わり、資産価値が下がる可能性があることです。空き室が増えてきたときは、そうした周辺環境の変化を調べて、売却を検討した方がいいかもしれません。

○マンションの建て替えで資産価値を上げる

②のマンションについてですが、これは築後30年以上が経過し、大規模修繕にさしかかっていたり、建て替えが必要だったりするケースです。そのままだと資産価値が低くても、状態をよくすることで、売却価格や賃貸料を高くすることもできます。

ただ、そう簡単にいかないのが現状で、修繕にしろ建て替えにしろ、いくつか問題があります。

まず、大規模修繕は修繕積立金によってまかなわれますが、計画が甘かったり積立金額の設定が低かったりして、**いざ改修というときに費用が足りない**場合が少なくありません。前述したとおり、２０１１年の震災やオリンピック需要の影響で資材の価格が高騰しているので、特に注意が必要です。

足りない分を一時金として請求されることもありますので、一度、修繕計画について管理組合や管理人さんに聞いてみた方がいいかもしれません。ある程度の状況は把握できるでしょう。

続いて建て替えについてですが、居住者との合意形成にいたるまでが難しく、建て替え件数もまだまだ少ないのが現状です。

こうした事態を改善するため、国はマンション建替え円滑化法を一部改正し、利活用が困難なマンションであっても、住民の５分の４以上の合意を得られれば建て替えが可能になりました。

今後はこの法改正によって徐々に建て替えが促進されると予想されていますが、そのためには管理組合がきちんと機能し、高齢者を説得することができるかにかかっています。制度をうまく利用すれば、今まで売れなかったマンションや、借り手のいないマンションがマイナス資産からプラス資産に生まれ変わる可能性があります。

それだけでなく、時価での売却請求や、容積率の緩和により、建物としての価値を大きく高めることもできるはずです。

マンションの建て替えの円滑化等に関する法律の改正（国土交通省）

・耐震性不足の認定を受けたマンションは、区分所有者の4／5の賛成で売却の決議をできる
・決議同意者の3／4の同意で、売却の組合を設立できる
・売却の組合は、区分所有者に対して時価で売り渡す事を請求できる
・耐震改修の必要性についての認定を受けると集会の過半数の決議によって耐震改修をすることができる
※耐震性不足の認定を受けたマンションの建て替えにより新たに建築されるマンションで、一定の敷地面積を有し特定行政庁の許可により容積率制限を緩和することとする
2014年のマンションのストック総数は約590万戸
（その中で旧耐震基準のマンションは約106万戸、これまで建て替えられたマンションは僅かに約1.4万戸のみ）

建築費用の負担で揉めているという場合は、建て替え時にこれまでより大きめに造り、それによって増えた部屋を売って資金とすることで、住民の費用負担を最小限ですませることができます。

これまでは、敷地内に使える建物の面積（**容積率**といいます）は制限されていましたが、法改正によってその制限が緩和され、**大規模建て替えが可能になった**のです。中には、隣地を購入して大規模なマンションへ建て替える計画を立てる不動産会社もいるぐらいです。

しかし、現状では、高齢者が反対したり、一時金（修繕積立金以外の臨時のお金）を負

担できずに費用面で揉めたりして実行に至らないケースが多いのです。

実際、２０１３年時点での建て替え件数は２１８件とさびしい数字にとどまっています。これまでずっとマンション建て替えの事例が少なかった日本では、どの業者も手探りなのが正直なところでしょう。

ちなみに、**マンションの解体費は、地域性にもよりますが１坪あたり５万円くらいが目安**と言われており、当然ながら一般的な戸建てよりも高単価です。高さが60～80メートルとなる場合は、工事の時間的にも費用的にも、長く大きくなる可能性があります。

こうしたトラブルは、管理組合が機能していない場合にもよく起きます。特に投資マンションの場合は、有り得ないほどずさんな修繕計画で低すぎる修繕積立金を設定しているために、一時金として多額の費用を請求される場合があります。

ですので、建て替えによってマンションの価値を上げたいのなら、高齢者が多くないか、管理組合がきちんと機能しているかを調べて、合意を得られるかがポイントとなるでしょう。

○タワーマンションは相続税対策にもなる

余談ですが、建て替えて高層化したマンション、いわゆるタワーマンションを、相続税対策として活用しようと購入を決める人が最近増えていますので、こうした方に向けて売り出せるマンションであれば、比較的かんたんに売却できるでしょう。

資産は現金で持っているより、不動産にした方が評価額が下がるので、アパートなどは相続税対策として有効です。

タワーマンションと呼ばれる高層マンションは、それに加えて一戸当たりの土地持分（所有権）が小さいため、さらに評価額が低くなり、現金の3分の1～5分の1にまで評価を下げることができます。つまり、実際の価値よりも低く見せることができるので、相続税額を低くすることができるのです。

ちなみに、2015年に相続税の基礎控除が5000万円から3000万円に下げられ、税率も上げられたことに伴い、こうした節税法が注目されました。

資産家からすれば、不動産は資産価値が下がることがあっても、株式などの金融資産より下落速度が遅いので、対処をとりやすいというメリットがあります。もちろん、すべてのタワーマンションで有効なわけではありませんが、20階、30階以上のマンションは時価（売買価格）の3分の1程度の評価となるので、売買手数料や登記費用等を払っても大きな節税効果があります。

○リゾートマンションは損切り処分するしかない

遠くない将来、自分で住む以外には活用のできない可能性のあるマンション。売れない、貸せないにもかかわらず、固定資産税や管理費など負担ばかりが大きくなるマイナス資産です。

利便性の高い立地や、需要のある地域であれば、何らかの方法によって資産として生かすことができますが、**リゾートマンションのようになれば損切りによって処分する以外の方法はない**でしょう。

バブル期にスキー場やゴルフ場の近くに建ち、数千万円で売られていた分譲マンションでも、今では100万円以下で売られることも珍しくありません。

基本的に、こうしたマンションが建つ土地の評価はほとんど0円なので、老朽化して解体するとなると、完全なマイナス資産となります。また、上下水道管の維持管理が困難な建物であれば、莫大な修繕費が必要になる場合もあります。

しかも、管理費等を滞納する所有者が多くなると、修繕資金が不足して、老朽化が加速してしまう可能性が高く、大きなリスクです。

売却ができないのなら、賃貸にして管理費や修繕積立金を得る方法もありますが、あまりおすすめできません。一部地域では季節ごとにやってくるスポーツ選手やレジャー客に賃貸する方法もありますが、シーズンを限ると維持費が大きくなり、お金が入っても赤字になることが予想されます。維持修繕費が大きくなる前に損切り売却が最良の選択です。

○ショッピングセンターが変化したら郊外のマンションは手放す

リゾートマンションほどではありませんが、一般的な地方の郊外マンションに関しても、厳しい状況が予想されています。

今までは年齢による体力の衰えによって、戸建て住宅からマンションへの住み替え需要がありましたが、今後はサービス付き高齢者賃貸など高齢者施設の増加と賃料低下によって、**高齢者のマンション購入が減る**と予想されています。

また、郊外のマンションの弱点として、周辺環境の変化に大きく影響されてしまうことがあげられます。離れた場所に新しいショッピングセンターが建設されて商圏が変化したり、工場や大規模施設の移転などによって就業人口の変化があれば、急速に資産価値の下落を招くことが予想されます。

ここでいう商圏とは、具体的には、人口3万人が車で10分以内に到着できる、もしくは半径1000メートル以内にあることが望ましいとされている、複数の小売店等が入居する商業施設です（将来的には商業人口が半分程度になり、車の移動時間も15分以内になると想定されています）。

近年は家電量販店の統廃合等によって商圏の変化がすでに始まっており、売却や賃貸の決断を必要とします。ただ、児童数の減少が激しくなければ新しくマンションが建築されたとしても、棟数は多くなるはずなので、資産価値の下落も緩やかなものとなるでしょう。ですので、資産価値が低くなる前に、落ち着いて対策を考えましょう。

さて、その対策ですが、人口減少地域で空き部屋が増えてきていると思ったら、売却を選択することがリスク回避としての王道です。賃貸にしても借り手がつかないので、多少安い金額でも売ってしまうことにしましょう。

○事件・事故物件がでた場合

都心にあって交通の便がいい、資産価値の高いマンションであっても、同じ建物で居住者が自殺、事故死、他殺などでいなくなった場合、資産価値は著しく低下します。いわゆる事故物件というもので、こうなると、法的にも告知義務が課され、不動産業者の広告塔では「告知事項あり」「心理的瑕疵あり」等と記載されてしまいます。不動産業者が契約前に重要事項説明書等でこのことを告知しない場合は告知義務違反となり、裁判所から損害金の支払を命じられることがあります。また、契約解除だけでなく、敷金・仲介手数料の返還や引っ越し代を請求されてしまうかもしれません。

やっかいなのは、マンションの場合は、同じ階や建物全体も事故物件扱いされ、関係ないのに資産価値が低くなってしまうことです。新築だろうが中古だろうが関係なく、資産価値は暴落します。賃貸でも1～3年間の賃料値下げ（20パーセント～50パーセント以上の減額）、売却しようとしても価格が15～50パーセント下落してしまうこともあります。

賃貸ならば他の人へ一定期間貸せば元の賃料にすることも可能ですが、売却に際しては事件・事故の性質や、報道の有無によって売価額が左右されますし、地方か大都市かでも条件は変わります（当然、大都会であれば、賃料を下げれば希望者を見つけやすいでしょう）。

ただ、住居内で亡くなった人のいる住宅を1年程度半額で貸して、問題がなければ通常の賃料に戻している独立行政法人もあるので、諦める前にできることをしましょう。

すぐに手放したいのであれば、買取業者に依頼をしてみましょう。事故物件であっても、都市部に近かったり、駅に近かったりすれば、買い取ってもらえることもあります。とはいえ、基本的には、事故物件になったら評価をすぐに回復するのは困難ですので、その点は覚悟してください。

○建物所有者も必見――こんなマンションは危ない

最後に、分譲マンションだけでなく、建物を所有している方も対象の、そのままにしておくと危ないマンションを紹介します。

といっても、日本の一般的な鉄筋コンクリート建築の高層マンションは、戸建住宅に比べて丈夫に建てられており、多少古くても崩壊に至るような事例は極めて少ないと言えます。施工技術の高さや建築資材の品質の高さに加え、職人の高い技量によるものです。

しかし、管理されているはずのマンションであっても、ベランダの一部が壊れて小さな鉄片やコンクリート片が落ちたり、害獣・臭気があったりすると、近隣住民の通報によって自治体の調査対象になりえます。しかも、建物全体の維持管理には組合での合意が必要で、大規模修繕にいたるまでには時間がかかりますので、早めの対応が肝心です。

①外壁の修繕

では、どのような点に気をつければいいのでしょうか？

基本的には、マンションは、住戸が1軒空き家になっていても建物全体が特定空き家に指定されることはありませんが、修繕を怠っていては買い手や借り手が見つかりませんので、対策は必要です。外壁にひびがあれば管理人や管理組合に相談したほうがいいでしょう。

日本の鉄筋コンクリートのマンションは、厳しい建築基準法を守って建てられているので、強度に関してはトラブルがあまりありません。２００６年に建築偽装と騒がれたマンションでさえ、震度５クラスの揺れにも倒壊せずに建っているぐらいなので、元々欠陥があるような特殊な例を除けば問題ありません。

しかし、築年数が経過してしまうと、上下水道管の漏水によって居住が困難になることがありますし、屋根や外壁、バルコニーなど敷地外に影響の出る部分に劣化があると、修繕費用が莫大になる可能性があります。

厄介なことに、**外壁の修繕は大規模修繕に分類される**ことが多く、莫大な費用が必要になってきます。しかも、２０２ページで触れたとおり、管理組合（販売会社）の修繕計画の金額では足りないことが少なくないため、修繕積立金があったとしても、それ以上の負担金が発生することも多くあるのです。

外壁の傷みは紫外線の当たり方や風雨で大きく異なりますが、**素人が見ても判断できません。**危ないかどうかをはかる目安としては、風が強く建物が揺れるような日にタイルの破片やコンクリートの粉コーキング材、塗装片、鉄粉等が落ちていると、注意が必要です。問題が大きくなる前に、管理人や管理組合等と相談してプロに傷みがあるかどうかを調べてもらい、必要であれば早期に修繕に取り掛かりましょう。

②ベランダの錆び

バルコニーは風雨にさらされる部分なので、塗装をしていても端や付け根から雨水が侵入して錆びてしまうことがあり、手入れを怠ると崩落の危険性が高まります。4章でも紹介したとおり、戸建住宅なら空き家対策法の判断基準になる部分ですので、適切に管理をしていないと余計な修繕費を使う羽目になります。

ベランダやバルコニーの管理方法については、外壁の修理や配管の扱いなどと同じく、管理規約で決められていることが多いのですが、居住者でないと錆びや劣化は気づけない場合が多いので、マンション管理の盲点になっています。適切に管理していれば大規模修繕までの年数を延ばせるのですが、現実的に考えて、難しいでしょう。

こうしたバルコニーを維持管理するには、約15年ごとに10～25万円が修繕費として必要です。これまでどの程度修繕をしてきたかを調べ、修繕積立金できちんとまかなえるかチェックしておきましょう。

③配管の漏水

配管の漏水を見過ごしていると、壊れた際、修繕積立費ではまかなえないほどの費用を負担することになるかもしれません。配管の修理だけであれば数万～十数万円程度の修繕費で済みますが、水が漏れた場所に家財や電気機器があると数十万円、鉄骨などの構造体に影響があると修繕費は莫大な金額になることがあるのです。

耐力構造上主要な部分への漏水は、建物の強度を大きく低下させたり、隣接エリアにも影響を及ぼすことがあります。自分でなんとかしようとせずに、管理人を含めて修繕等の処置をした方が得策です。

④地域性によるリスク

同じ時期に同じような費用で建築した近隣の建物であっても、劣化速度は異なります。建築基準法改正の年月と、分譲・販売した企業の考え方等によって住宅の耐久性が異なるのです。

わかりやすい例をあげると、潮風や台風などの影響で風雨が強くあたる場所では、屋根や壁の思わぬ部分へ雨水が侵入してしまうので、1シーズン目を離しただけで想像以上に劣化してしまうことがあります。降水量の多い地域や海の近く、豪雪地帯などは、事後策だけでなく、事前に屋根や外壁、雨樋、テレビアンテナ、瓦などが飛ばされないよう、予防補修を行って修繕費用を減らしましょう。

⑤建築年月と耐震性（木造戸建も含む）

続いて、建物の構造と建築時期から危険な住宅の特徴を見ていきましょう。

特に危ないのは、昭和56（1981）年以前に建てられた（着工された）住宅です。

というのも、この年に建築基準法が改正され、新しい耐震基準が設けられたのですが、

阪神・淡路大震災における建築時期による被害状況

(「平成７年阪神淡路大震災建築震災調査委員会中間報告」より)

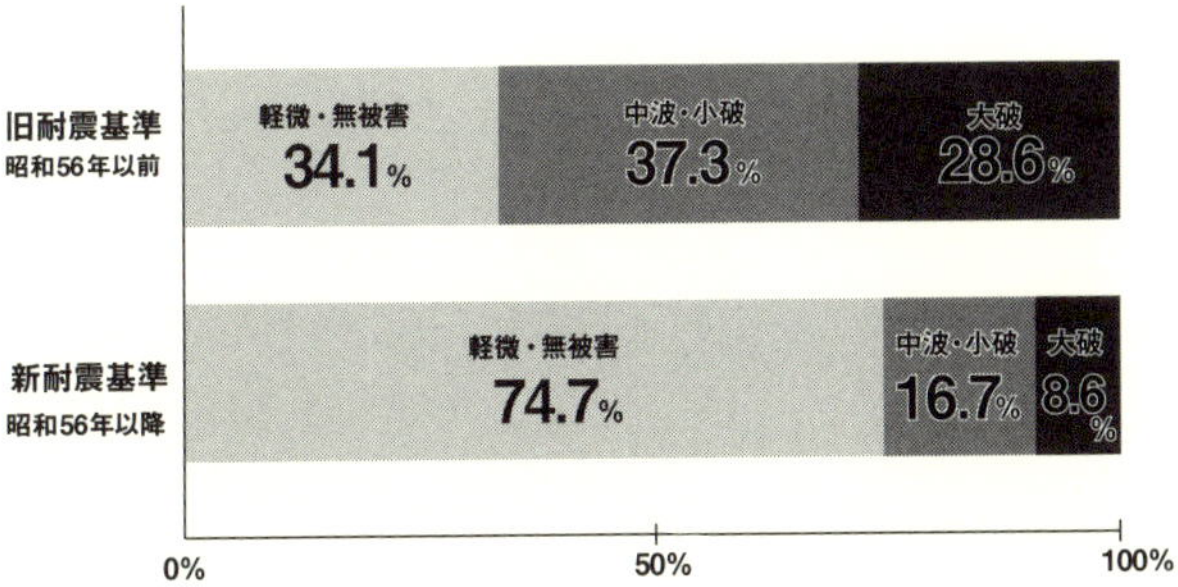

それ以前は耐力壁、筋交など耐震性に対する基準が低いという問題があるのです。

その危険性が露呈したのが１９９５年に起きた阪神・淡路大震災です。このとき崩壊した家屋のほとんどが新耐震基準以前の建物でした。

旧耐震基準では、簡単に言うと、震度５強程度に耐えられるかはチェックしていましたが、それより大きい地震に耐えられるかは基準になっていませんでした。つまり、東日本大震災や熊本地震クラスの震度6や7の地震に耐えられるかはわからないのです。

中には震度6、7クラスの地震に耐えられる建物もあるでしょうし、新耐震基準にしたからといって、必ずしも倒壊しないとは限りませんが、

217ページに載せた阪神・淡路大震災時の新旧耐震基準別の建物の倒壊具合を比較すると、旧耐震基準の方が危険性が高いことがわかります。

しかも、こうした耐震性の乏しい建物は、建物を補強することはできても、効果があるとは限らないという問題があります。

なぜなら、既に建築されている住宅では建物の真下の地盤を調べられないために、**大金をかけて補強しても効果が小さかったり、的外れな補強になる可能性がある**からです。

耐震性不足の認定を受けたマンションの建て替えは、区分所有者の5分の4の賛成で売却決議ができるようになりましたが、これでもまだまだハードルが高く、何年もの時間を要します。まずは問題が大きくなる前に売却できるかを不動産業者などと相談し、できるだけ早く手放すようにしましょう。

おわりに

2015年5月に「空き家等対策に関する特別措置法」が完全施行されたことで、日本は住宅に対しての考え方変えなくてはならない時代に突入してしつつあります。

今後、団塊の世代がこの世を去る時がやってきます。その時に1人暮らし向けの高齢者住宅の多くで、居住者がいなくなることでしょう。近い将来、住宅余りに拍車がかかり、今よりも遥かに大きな問題になるのは目に見えています。その猶予期間は短く、数カ月ごとに住宅の相場は下がる可能性があります。

そうした時代に対応するため、できるだけ早くご自身に合った空き家対策を行って、実家を負動産と呼ばれる住宅にしないようにしましょう。

本書をご覧いただいた方々は、他の人たちよりも一歩も二歩も早く、有利な条件で親族の住宅の利活用・維持管理・処分ができると思います。早めに対策することができれば、地域によっては数百万円の違いを出すことも可能です。

現在、自治体は空き家のデータベースを作成しており、空き家の状態と所有者を整理していますが、空き家対策法が施行されたばかりで、その対応はまだまだ手探りの状態です。

しかし今後は、実際に多くの空き家の所有者（法定相続人）に対して、具体的で多くの義務が課せられると思われます。住宅環境が変われば、自治体によって対応も違ってきますし、法律は変わらなくても自治体の条例や国土交通省のガイドライン、通達等によって、さらには年度や地域によっても、所有者の空き家対策は変わることがあります。

そのため、対策を実践する前に、地域の専門家へ細かい点を確認することも必要となってくるでしょう。

そうした事態に対応していただけるよう、今後、法律やガイドライン等が変わった場合などは、その情報を左記サイトで公開したいと思っています。メールでの質問も同じサイトで受け付けておりますので、極端に多くない限りお答えして、新しい情報も紹介したいと思っております。

http://komasannzuraa.wix.com/site1

をご覧ください。

本書とあわせてお読みいただき、皆様の空き家対策の一助にしていただければ、これほどうれしいことはありません。

２０１６年5月　日野智志

彩図社の好評既刊本

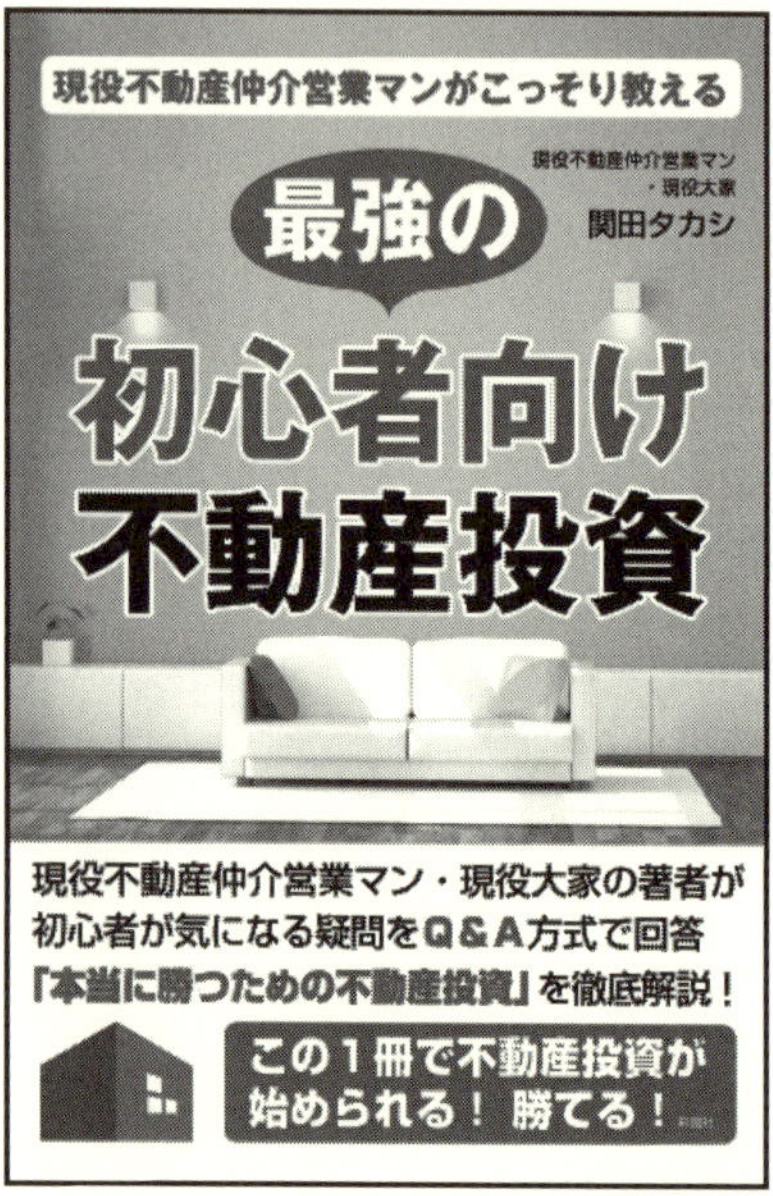

現役不動産仲介営業マンがこっそり教える

最強の初心者向け不動産投資

関田タカシ 著
ISBN978-4-8013-0103-0
定価：本体 1500 円＋税

「投資用不動産の売買・仲介の営業担当者」であり「現役の大家さん」でもある筆者が、Q&A 方式で勝てる不動産投資を分かりやすくアドバイス！　不動産投資の「勝率」は高い？／どういう物件が良い物件なの？／「最良の売却時期」はいつ？／「元手」はいくら必要なの？……などなど、気になる疑問がすっきりわかる！

彩図社の好評既刊本

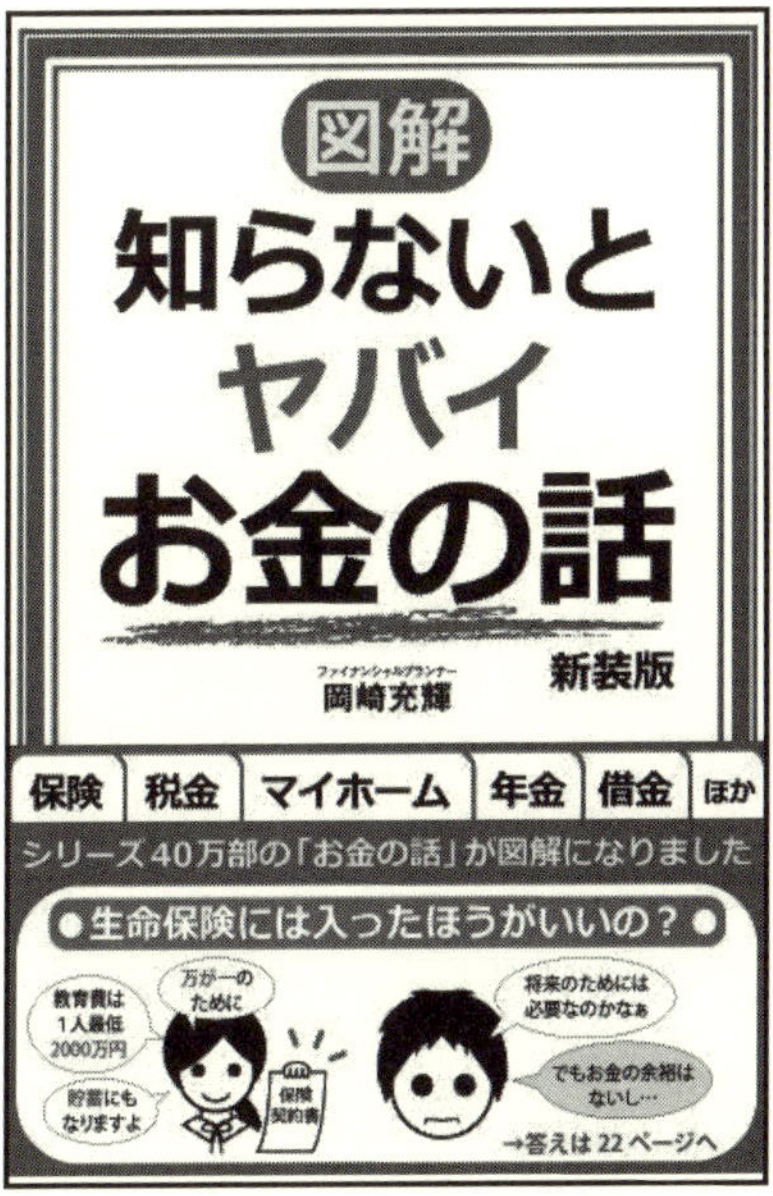

図解
知らないとヤバイお金の話［新装版］

岡崎充輝 著
ISBN978-4-8013-0122-1
定価：本体 1200 円＋税

保険、税金、年金、そしてローンや借金…どれも人生でとても大切なのに、学校ではあまり学ばないことばかり。

人生という流れのなかで、いつ、どんなふうにお金を使うか。社会の仕組みをどう使えば自分にとって有利なのか。知っているのと知らないのとでは、大きな差が生まれてしまいます。怖がらずに、お金の現実を知っていきましょう。

著者略歴
日野智志（ひの さとし）
東北出身。
空き家相談士、住宅ローンアドバイザー、宅地建物取引士の資格を持つ。
15年以上にわたって地元資本の不動産業者に勤め、現在も不動産仲介業を中心に活動中。近年は、地方で深刻化する空き家問題に悩む人に向けて、対策を紹介している。

著者メールアドレス：komasannzuraa@yahoo.co.jp

実家の相続で困らないために今すぐできる空き家対策

平成28年6月23日 第1刷

著　者　日野智志

発行人　山田有司

発行所　株式会社　彩図社
東京都豊島区南大塚3-24-4
MTビル　〒170-0005
TEL：03-5985-8213　FAX：03-5985-8224

印刷所　シナノ印刷株式会社

URL http://www.saiz.co.jp　Twitter https://twitter.com/saiz_sha

© 2016.Satoshi Hino Printed in Japan.　ISBN978-4-8013-0155-9 C0036

落丁・乱丁本は小社宛にお送りください。送料小社負担にて、お取り替えいたします。
定価はカバーに表示してあります。
本書の無断複写は著作権上での例外を除き、禁じられています。